강연자를 위한 강연

재미와 감동으로 행복하게 소통하라

강연자를 위한
강연

권오준 지음

프롤로그

강연 현장에서
만납시다

 오래전 서울 마포에 작가들이 모여 신년하례회를 할 때였다. 전국에서 100여 명의 작가가 모였는데 그냥 인사만 나누긴 아쉬웠다. 이런 기회에 뭔가 의미 있는 일을 하고 싶었다. 무대에 올라 학교 강연의 트렌드와 아이들의 특성, 강연의 기획 등에 대해 이야기를 해 주었다. 그 짤막한 시간이 훗날 '강연자를 위한 강연'의 출발점이 되었다.

 오랫동안 강연을 해 오면서 의외의 사실을 깨달았다. 강연은 타고난 재주꾼의 전유물이 아니라는 사실 말이다. 누구든 할 수 있고 누구든 정상에 오를 수 있는 일이다. 그런데 좀 이상한 점이 하나 있었다. 명성이 자자했던 강연자들이 몇 년이 지나는 사이 서서히 사라지는 것이었다. 그들은 어떻게 명성을 얻고, 또 어떤 이유로 강연 무대에서 사라진 걸까?

처음 강연 의뢰를 받고 강연을 시작한 지 5년이 지나는 동안은 별다른 변화가 없었다. 섭외가 조금씩 늘기는 했지만, 일정 수준 이상으로 오르지 않았다. 1월부터 3월까지의 비수기도 있어 생활이 안 되었다. 그런데도 강연을 포기하고 싶지 않았다. 학교 강연 무대를 주름잡는 선배 강연자들이 부럽기도 했지만, 내 책을 읽어 주는 독자와 이렇게 가깝게 호흡하면서 만나는 기회를 버릴 수가 없었다. 그래서 몇 년간 투잡을 해가면서 버텼다.

그사이 예상치 못한 일이 벌어졌다. 한 공연기획사 대표가 나를 찾아왔다. 대표는 『날아라, 삑삑아!』를 국악 공연으로 만들어 무대에 올리고 싶다고 했다. 『날아라, 삑삑아!』는 당시 출간된 지 한 해밖에 안 되었고, 특별히 이슈가 될 만한 작품도 아니라고 생각했었다. 그런데 그 대표의 생각은 달랐다. 야생 오리가 사람과 함께 살았던 과정이 흥미롭고, 동화가 국악과 어울리면 멋진 화학적 결합이 이루어질 것으로 내다보았다. 이듬해 『날아라, 삑삑아!』 국악 공연은 공모사업에 선정되어 아이들 전용 극장 무대에 올랐고, 그 결과는 성공적이었다.

국악 공연은 내 강연에 전환점이 되었다. 나는 그때 열 차례의 공연 개런티를 티켓으로 달라고 했다. 당시 살림이 여의치 않았지만, 기획사에 조금이라도 힘이 되고 싶었다. 한편으로 많은 독자가 내 작품으로 만든 공연을 만나게 하고 싶었다. 작가로서,

그리고 강연자로서 그게 더 큰 이득이 되리라 믿었기 때문이다.

무대에서 작품 스토리텔링을 하면서 다양한 걸 시도했다. 객석에 앉아 있는 아이들을 무대로 끌어내어 미션을 줘 봤다. 돌발적이고 파격적인 시도였다. 객석의 아이들이 무대로 뛰어나왔다. 유치원과 초등학교 아이들은 무대에 올라 놀라운 연기를 펼쳤다. 학부모들은 박수를 치며 환호했다. 그때 아이들의 독특한 심리를 엿보았다. 아이들은 분위기가 잘만 조성되면 아주 적극적으로 반응한다는 걸 확인했다. 아이들은 손에 손을 잡고 작품에 나오는 고무보트가 되어 우스꽝스러운 연기를 펼쳤다.

국악 공연 이후 이상한 일이 벌어졌다. 교사와 사서로부터 작가와의 만남 섭외가 오기 시작했다. 학부모와 교사 연수를 요청하는 전화가 오기도 하고, 유치원에서까지 연락이 왔다. 변화는 거기에 그치지 않았다. 이번에는 출판사에서 전화가 왔다. 지방 총판의 주문이 폭증하고 있다는 소식이었다. 출판사 담당자는 대체 무슨 짓(!)을 했길래 이런 일이 벌어지느냐며 너스레를 떨었다.

국악 공연을 본 관객들이 움직이고 있었다. 스토리텔링을 했던 나와 판소리꾼, 배우 등 출연진과 찍은 사진을 SNS에 올리며 후기를 써 주었다. 무대에 올라간 어린 자녀들이 작가와 함께 찍은 사진이 퍼져 나가고 있었다. 우호적인 관객 2,000명의 힘이 세상을 움직이고 있었다. 출간 이듬해에 조용히 사라질 뻔한 작품이 출판과 강연 시장의 중심에 자리를 잡고 있었다.

공연했던 그해에 처음으로 섭외 100회를 돌파했다. 작가와의 만남 행사가 요즘처럼 많지 않았던 당시로서는 놀라운 일이 아닐 수 없었다. 아무런 관심을 받지 못하던 작가가 독자들의 손가락으로 이름이 전파되었고, 나를 필요로 하는 사람들의 입에서 입으로 내 이름이 퍼져 나갔다. 나는 나와 내 작품이 TV나 라디오 같은 매체를 통해 방송되는 것을 본 적이 없었다. 그저 국악 공연이라는 행사 하나가 사람의 마음을 조금씩 움직였던 것이다.

작가들은 강연 섭외가 늘지 않는다고 푸념한다. 강연 준비도 열심히 하고 강연 때 실제로 반응이 좋은데도 매년 섭외가 고만고만하다며 낙담한다. 그러고는 내게 말한다.

"강연이 많아서 좋겠어요. 시즌 때 하루 두세 번씩 힘들어서 어떻게 다 해요?"

그런 질문 받을 때마다 하는 말이 있다.

"작가로서 강연이 많은 건 문제 되지 않아요. 없는 게 문제죠."

강연 섭외가 많은 건 문제가 되지 않는다. 강연이 너무 많으면 조절하면 되고, 만일 일정이 겹쳐 도저히 갈 수 없는 상황이라면 다른 작가를 소개하면 그만이다. 나는 가을철 시즌 때를 대비해서 강연자들을 여럿 확보해 둔다. 저학년 잘하는 강연자, 고학년 잘하는 강연자, 중고등학교 청소년 대상 잘하는 강연자, 성인 인문학 강연자 등 수십 명이 있다. 평소 SNS에서 작가들의 강연 후기를 보면서 꼼꼼히 들여다본다. 누가 자신의 작품을 강연으로 잘 풀어내는지, 누가 아이들을 잘 이끌어 내는지, 누가 체험활동을 잘 하는지, 또 아이들의 반응은 어떤지 살펴본다. 모두 유사시(!) 긴급 연락을 하기 위한 일이다.

또 다른 변화가 생겼다. 피아니스트와 북콘서트를 하면서 자연스레 음악에 대한 관심이 늘었다. 키보드를 장만하고 피아노 레슨을 받았다. 내가 피아노를 배운다고 하니 피아노에 조예가 깊은 지인이 한마디 한다.

"하루 10시간씩 15년 정도 연습하면 쇼팽의 〈즉흥 환상곡〉이나 베토벤의 〈엘리제를 위하여〉를 칠 수 있을 거예요."

지나친 말이 아니었다. 피아노라는 악기 속성상 그 정도의 피나는 연습을 해야만 무대에서 연주가 가능하다. 피아노 레슨 받고 1년 정도면 간단한 곡이라도 무대에서 맛보기 연주라도 할 생각이었는데, 지인의 그 한마디는 나를 강하게 자극했다. '한두 해 연습해서는 연주가 불가능하다'는 선입견을 깨고 싶었다. 틈나는 대로 연습을 하고 심지어 지방 강연 때 키보드를 차에 싣고 내려가기도 한다. 지인이 말한 '15년'을 깨고 싶은 의지가 생긴 것이다.

피아노를 배우면서 깨달은 사실이 하나 있다. '모든 것은 과정이 있고, 초기에는 그 과정을 착실하게 밟는 것이 그 무엇보다 중요하다'는 사실 말이다. 초기에는 피아니스트처럼 멋지게 연주하고 싶어서 유명한 곡을 정해 놓고 연습도 해 봤다. 수백 번 연습하면 웬만큼 연주할 수 있을 것처럼 보였다. 하지만 그것이 과욕이라는 사실을 깨닫는 데는 그리 오랜 시간이 걸리지 않았다.

모든 것에는 원칙이 있고 일정한 과정이 필요하다. 내가 고난이도의 곡을 무리하게 연습해서 당장 연주할 수 있다 하더라도 그건 그저 흉내일 뿐이다. 강연도 똑같다. 유명한 강연자의 말투나 어법을 흉내 내어 멋지게 할 수 있겠지만, 그건 자신의 것이 아니다. 앵무새처럼 조잘조잘 흉내 내는 것에 불과하다. 자신에게 꼭 맞는 옷이 있듯, 자신에게 꼭 맞는 강연이 있다. 그건 단시간에 이루어지지 않는다. 실패와 좌절, 실망과 후회 같은 뼈아픈 양념들이 가미되어야 한다. 마치 밀가루 반죽을 해서 모양을 만들고 오븐에 넣는다고 빵이 되지 않는 것처럼 말이다. 훌륭한 포도주는 좋은 환경에서 오랜 숙성 과정을 거쳐야 하는 것처럼 말이다. 빵이든 포도주든 강연이든 절대 시간을 들여야 하는 공통점이 있는 셈이다.

강연 시장은 넓고 다양하다. 특히 학교 강연 시장은 작가와 작품이라는 특수성과 맞물려 있는 데다가 기본 수요가 많다. 하지만 실제 강연 시장에서 많은 섭외를 받는 강연자는 그리 많지 않다. 200회나 300회 이상 섭외를 받는 사람은 아주 극소수다. 얼마든지 가능성이 있다는 말이고, 여전히 블루 오션이라는 뜻이다.

"이거 노하우를 방출하는 거 아녜요?"

강연자를 위한 강연을 마치고 뒤풀이할 때 한 작가가 내게 말했다. 그는 내가 영업비밀을 공개하는 게 아니냐고 물었다. 나는 생각이 다르다. 강연 시장에 많은 사람이 몰리고, 또 훌륭한 강연자가 자꾸 나온다면 이 시장은 더 커지고 좋아질 것이라는 믿음이 있다. 진심이다. 이 책의 내용이 오랫동안 학교와 도서관 등 강연의 현장에서 겪은 경험을 몽땅 털어낸 이유가 바로 그 때문이다. 그렇다고 대단한 비밀이나 노하우가 아니다. 어찌 보면 작고 소소한 것들이다. 내 강연 역사는 보잘것없는 디테일의 누적이고, 강연 유지의 비결과 결정적인 노하우도 사실 디테일과 관련되어 있다. 부족하지만, 이 책이 학교 강연자는 물론 학교에서 저자와의 만남이나 북콘서트를 기획하는 선생님과 학교도서관 사서 분들에게도 도움이 되길 진심으로 바란다.

이 책을 쓰면서 여러 사람을 만났다. 특히 학교에서 일하는 분들의 조언을 많이 받았다. 김경집 교수님, 최고봉 선생님, 동소희 선생님, 김현미 선생님, 김수연 선생님, 박고은 선생님, 김윤희 선생님, 박현주 사서 선생님, 유미라 선생님, 김영숙 선생님, 심진규 선생님, 그리고 김미숙 교장선생님, 권화자 교장선생님의 도움이 컸다. 그분들이 들려주신 현장 경험과 아낌없는 조언이 없었다면 이 책을 완성하지 못했을 것이다. 지면을 통해 깊은 감사의 말씀을 전하고 싶다.

물 오르는 나무의 청신함이 반가운
2023년 봄
권오준

차례

프롤로그 강연 현장에서 만납시다   4

1부 | 누구에게나 시작은 있다 하늘은 스스로 돕는 강연자를 돕는다

시작은 반이 아니다   17

하늘은 스스로 돕는 강연자를 돕는다   23

강연자를 위한 강연 FAQ 01 강의인가 강연인가?   33

첫 강연 무대가 된 동네책방   37

강연자를 위한 강연 FAQ 02 초보 강연자는 무엇을 해야 할까?   44

책 너머의 감동, 북콘서트   47

강연자를 위한 강연 FAQ 03 북콘서트는 혼자 할 수 없나요?   55

2부 | 재미 가득, 감동 한 스푼 학교 강연의 기술들

강연의 3대 요소   59

위기를 기회로! 순발력이라는 무기   72

강연자를 위한 강연 FAQ 04 돌발상황도 득이 된다?   85

강연자의 참 보람, 감동   88

강연의 감칠맛, 선물   99

학교 강연의 꽃, 체험활동   109

강연자를 위한 강연 FAQ 05 작품 수일까? 대표작일까?   118

추억을 새겨 넣는 이색 사인회　　　　　　　　　　　　121

아이들 마음의 빗장을 열자　　　　　　　　　　　　　130

처참히 깨진 강연에서 배우는 지혜　　　　　　　　　140

강연자를 위한 강연 FAQ 06 강연의 성패를 좌우하는 장비를 하나 꼽는다면?　150

3부 | 청중을 알아야 강연이 즐겁다! 학교 강연 청중의 이해

가장 자기중심적인 청중, 유치원생　　　　　　　　155

무엇을 해도 느리고 어설픈 초등 저학년　　　　　161

뭐든 잘하고 즐기는 초등 중학년　　　　　　　　　180

강연자를 위한 강연 FAQ 07 40분 강연이란?　　　197

몸은 청소년, 마음은 어린이 초등 고학년　　　　　201

무심하지만 자신의 관심사에는 적극적인 청소년　217

강연자를 위한 강연 FAQ 08 학교 강연 전에 반드시 챙겨야 할 것은?　226

다양하고 또 다양한 성인들과의 만남　　　　　　232

비대면도 대면처럼　　　　　　　　　　　　　　　242

에필로그 마지막 당부　　　　　　　　　　　　　　252

부록 초보 강연자를 위한 체크리스트　　　　　　　264

1부

누구에게나 시작은 있다

하늘은 스스로 돕는 강연자를 돕는다

어느 날 낯선 전화 한 통이 왔다.
서울 마포의 동네책방 대표였다.
새로 문을 연 동네책방에서는
초등학교 아이들을 대상으로 생태 강연과
조류 탐사를 요청했다.
강연 경험이 절대적으로 필요한 내게 좋은 기회였다.
무엇보다 신이 난 건
공식 개런티도 있었다는 점이다.

시작은
반이 아니다

성남 분당의 지역방송에서 생태 전문 객원기자로 있을 때였다. 하루는 분당 영장산에 오르고 있는데, 갑자기 내 머리 위로 시퍼런 이끼 한 뭉치가 툭 떨어졌다. 고목이나 바위에 붙어 있어야 할 이끼가 하늘에서 떨어지다니! 호기심이 발동했다. 하늘에서 이끼가 떨어진 이유가 궁금했던 것이다. 주변을 샅샅이 둘러봤더니, 밤나무 위에 똬리 같은 새 둥지가 하나 보였다. 나뭇가지를 딛고 올라가 보았다. 커다란 둥지 안에 새알 네 개가 있었다. 나무 뒤로 몸을 숨겼더니 한참 뒤에 어미 새가 둥지로 날아들었다. 아하! 둥지를 지키던 호랑지빠귀가 인기척에 놀라 잽싸게 둥지에서 나오다가 둥지 재료인 이끼가 새의 발가락에 걸려 떨어진 모양이었다. 가슴이 콩닥콩닥 뛰었다. 나는 어둠이 찾아올 때까지 그곳에서 발을 뗄 수 없었다. 이 하늘에서 떨어진 이끼는 훗날 생태동화작가이자 강연자로 인생 이모작을 시작하도록 이끈 하늘의 선물이었던 셈이다.

이튿날부터 본격적으로 새를 관찰했다. 처음에는 둥지를 튼 나무 바로 옆에 몸을 숨겼다. 그랬더니 호랑지빠귀가 좀체 들어오지 않았다. 나무 위를 올려다보니 호랑지빠귀가 나를 내려다보고 있었다. 누군가가 둥지 가까이에 있으니 호랑지빠귀는 둥지로 들어가지 않았다. 20여 미터 뒤로 물러서서 완전히 몸을 숨겼다. 그때서야 비로소 어미 새가 둥지로 날아들어 알을 품었다. 한참 지나자 똑같은 새 한 마리가 날아왔다. 부리에 잔뜩 지렁이를 문 채였다. 알을 품는 어미 새에게 먹잇감을 잡아 가져온 수컷이었다. 그 장면을 보면서 암수가 서로 역할을 나누어 살고 있다는 걸 눈치챌 수 있었다. 그 다음날에는 캠코더를 가지고 가서 영상을 촬영했다. 촬영한 장면을 여러 번 돌려 보니 새들의 생태를 빠르게 이해할 수 있었다.

호랑지빠귀를 관찰하면서 점점 관찰지역을 넓히기 시작했다. 숲에는 온갖 새들이 살고 있었다. 되지빠귀, 흰배지빠귀, 딱새, 박새, 곤줄박이, 동고비, 어치, 멧비둘기, 붉은머리오목눈이, 직박구리 등등. 마침 그때가 한창 번식기인 봄철이라서 자연스럽게 둥지를 여럿 만날 수 있었다. 그리고 산새들을 자주 만날 수 있는 곳을 한 곳 더 알게 되었다. 산새들은 작은 물웅덩이 둠벙에 자주 나타났다. 새들은 체온이 높아 자주 둠벙에 와서 목욕을 했다. 더워진 몸을 식히고 한편으로는 깃털에 붙은 진드기들을 씻어 내고 있었다. 그 무렵, 그러니까 처음 새들의 생태를 관찰하던 무렵에 나는 새들이 깊고 고요한 숲속에서만 사는 줄 알았다. 그건 선입견이었다. 새들은 놀랍게도 매일 엄청난 굉음이 터져 나오는 예비군 사격장 근처에도 둥지를 틀며 살고 있었다. 무엇보다 새들은 인적이 드물어 방해받지 않는 곳을 더 좋아하는 것 같았다.

두 계절 남짓 관찰을 이어갔다. 그런 다음 그 동안 관찰한 내용으로 무엇을 할까 고민을 하다가, 동화를 한 편 썼다. 새를 주인공으로 하는 생태동화였다. 한 작품을 탈고하고 나서 무작정 한 출판사에 연락을 했다.

"새를 관찰하고 생태동화를 썼는데, 원고를 보내도 될까요?"

"오, 그래요? 한번 보내세요."

나는 그때 알았다. 야외에서 새를 관찰하느라 고생한 걸 알아주는 고마운 사람이 있다는 것을! 하지만 우리말은 끝까지 들어 봐야 했다.

"외부에서 보내오는 원고가 워낙 많아서 검토 결과를 아시려면 몇 달 기다리셔야 할 거예요."

순간, 낙담했다. 하지만 딱히 다른 방안이 없었다. 전화를 끊자마자 원고와 자료들을 메일로 보냈다.

숲속을 돌아다니며 새를 관찰하고 있는데, 오후 늦게 전화가 왔다. 오전에 원고를 보낸 출판사였다.

"내일 점심때 출판사로 한번 와 주실 수 있을까요?"

"내일 점심은 안 되는데요."

이튿날 점심때 중요한 선약이 있었기 때문이다. 곧바로 대안을 제시했다.

"오늘 저녁은 괜찮습니다만……."

"그래요? 그러면 당장 오늘 저녁에 뵙지요."

산에서 허겁지겁 내려와 샤워를 하고 출판사로 달려갔다. 출판사 대표가 나를 기다리고 있었다. 악수를 하고 자리에 앉으려는데, 대표가 한마디 한다.

"여기 집필 계약서에 서명부터 하고 앉으시죠."

그렇게 해서 나는 출판사에서 발행하는 어린이 월간지에 생태동화를 연재하는 계약서에 서명했다.

어린이 잡지에 1년 가까이 생태동화를 연재하고 있었지만, 단행본 출간은 차일피일 미뤄지고 있었다. 출판사에서도 생태동화 시장에 대한 확신이 없어 보였다. 그러던 어느 날 전혀 예상치 못한 일이 찾아왔다. 파주출판단지에 있는 한 출판 편집자 모임에서 비무장지대(DMZ) 투어를 하는데, 내게 참석하겠냐고 물어왔다. 비무장지대는 개인적으로 들어가기 어렵기 때문에 흔쾌히 수락했다.

주말 아침 관광버스가 출판단지에 와 있었다. 일행이 모두 버스에 승차하자 돌아가며 자기소개를 했다. 내로라하는 출판사 편집자들의 자기소개가 끝나고 내 차례가 되었다.

"새를 관찰하면서 어린이 잡지에 생태동화를 연재하고 있습니다."

소개가 끝나기 무섭게 출판사 편집자들이 명함을 들고 내게 다가와서 인사를 했다. 그 장면을 본 내 담당 편집자가 고개를 가로저었다.

이튿날 아침이었다. 출판사에서 연락이 왔다. 도장 들고 곧바로 올 수 없냐는 말이었다. 출판사에 갔더니 계약서가 수북이 쌓여 있었다.

"웬 계약서가 이렇게 많아요?"

"단행본 다섯 권을 계약하려고요."

"뭐라고요? 다섯 권씩이나요?"

"네."

세상일은 이렇게 돌아간다. 숲속을 걷다가 우연히 이끼 한 뭉치가 머리에 떨어지고, 둥지를 발견한 뒤 곧바로 새에 빠져 봄과 여름을 보냈던 결과다. 단행본 계약을 무려 다섯 권이나 했으니, 그야말로 한꺼번에 세상을 다 얻은 기분이었다. 하지만 행복한 건 거기까지였다. 계약을 하면서 잠시 경제적 여유를 맛보며 새를 보러 다녔지만, 몇 달이 지나자 나는 다시 처음의 자리로 되돌아온 기분이었다. 시작은 반이 아니었다. 시작은 시작일 뿐이었다.

하늘은 스스로 돕는 강연자를 돕는다

기자 시절 KBS 라디오의 한 프로그램에서 고정 게스트로 방송활동을 할 때의 일이다. 생방송으로 진행되는 프로그램에 세 번째 출연하고 스튜디오를 나서는데, 피디가 나를 불러세웠다.

"내용은 좋지만, 지금처럼 하시면 저는 선생님과 함께할 수 없습니다."

그의 말은 단호했다. 이유도 분명했다. 말하는 속도가 너무 느리다는 지적이었다. 청취자는 라디오에서 나오는 말소리가 느리면 즉시 채널을 돌린다고 했다. 덧붙여 피디는 라디오 방송에서 살아남을 방법을 알려 주었다.

"지금보다 세 배 정도 빠르게 말씀하시면 됩니다."

피디의 요구는 간명했다. 방송할 때 말을 아주 빠르게 해 달라는 주문이었다. 두 회 정도만 지켜보겠다고 했다. 그 말에 자존심은 좀 상했지만, 이참에 내 문제를 고치는 것도 나쁘지 않겠다는 생각이 들었다.

그런데 그때까지 세상을 살아가면서 말이 느리다는 지적을 받아 본 적이 한 번도 없었다. 고민에 고민을 거듭했다. 방송에서 잘리느냐, 살아남느냐가 달렸기 때문이었다. 그때 문득 의사들이 입버릇처럼 하는 말이 떠올랐다. 의사들은 어떤 병이든 그 원인을 알면 어떻게든 처방을 내릴 수 있다고 한다. 원인을 찾아야 했다. 고민 끝에 드디어 그 이유를 찾았다. 나는 말하는 데 자신이 없었던 것이다. 말에 대한 자신감이 없었기 때문에, 틀리지 않으려고 생각을 하면서 말을 하고 있었고, 그러다 보니 말의 속도가 평소보다 느려질 수밖에 없었다. 말에 스피드를 올리려면 생각과 동시에 말을 해야 했다.

원인을 알았으니 나머지는 처방이었다. 그런데 해법을 찾는 게 그리 간단치 않았다. 더구나 한 주의 시간이 지났으니 내게 주어진 시간은 고작 일주일밖에 남지 않았다. 갈 길이 바빴다. 그때 신기하게도 해법이 나왔다. 아주 흥미로운 처방이었다. 그건 바로 '엘리베이터에서 말 걸기'였다. 좀 유치하고 우스운 방법이지만, 한편으로는 아주 돌발적이고 공격적인 해법이었다. 우리는 사람들만 보면 입을 연다. 스스럼없이 말을 한다. 여럿이 모여 있으면 더 시끄럽게 떠든다. 그런데 엘리베이터에서는? 사람들은 엘리베이터에 올라타면 거짓말처럼 입을 다문다. 둘이든 여럿이 우르르 몰려오든 엘리베이터에 올라타는 순간 신기하게도 입이 얼어붙는다. 심지어 친구나 동료들과 왁자지껄 떠들면서 걸어오다가도 엘리베이터에 올라타고 문이 닫히는 순간 말이 정지된다. 뮤트Mute, 즉 자동적으로 음소거가 된다. 마치 엘리베이터 안에서는 그 누구도 입을 열어서는 안 된다는 일종의 불문율을 지키는 것 같았다.

"오늘 날씨가 좋네요."

아파트 옆 동 엘리베이터에 오르자마자 이웃에게 말을 걸어 보았다. 물론 처음 보는 아파트 주민이었다.

"그러게요. 오랜만에 날씨가 좋아졌어요."

엘리베이터 안의 정적을 깨고 말을 걸었더니, 주민이 얼떨결에 반응을 했다. 신기하고 흥미로웠다. 아파트 단지의 동을 바꿔가면서 실험을 이어갔다.

"단지에 고양이가 꽤 많이 돌아다니네요."

대답을 유도하는 말을 꺼내 보았다.

"고양이들에게 밥을 주니까 몰려드는 거예요. 왜 사료를 주는지 모르겠네."

이웃 주민은 이맛살을 찌푸리며 대꾸를 했다.

"고양이에게 밥 주는 건 한 번도 보지 못했는데요."

"안 주긴 왜 안 줘요. 201동 현관 앞에도 주는 사람 있고, 놀이터에도 고양이 밥그릇 있잖아요."

나이 든 아주머니는 처음에는 조용히 말을 하더니, 목소리 톤이 마구 올라갔다. 아주머니는 엘리베이터 안이라는 사실을 완전히 잊은 듯싶었다. 아마도 내가 대꾸를 하면 한 시간이라도 수다를 떨 수 있을 것 같았다. 아주 흥미로웠다.

과감하게 장소도 바꾸어 보았다. 성남 분당의 오피스빌딩 엘리베이터에 올라탔다. 이번에는 회사원을 상대로 말을 걸어 보았다. 놀랍게도 굳게 닫힌 상대방의 입이 열렸다. 순간적으로 '별 이상한 사람 다 보겠네' 하는 표정이었다가 이내 반응이 나왔다. 나중에는 일부러 회사 간부로 보이는 사람이 엘리베이터로 갈 때 뒤따라가기도 했다. 물론 말을 걸어 보았다. 영락없이 반응이 왔다. 엘리베이터에서 말 걸기는 단시간에 놀라운 성과를 보였다. 내가 그간 말이 느렸던 까닭은 내 구강 구조의 문제가 아니었다. 그 열쇠는 바로 자신감이었다. 다시 말해 말하기에 대한 두려움이 내 입을 짓누르고 있었던 탓이다.

영역을 넓혀 보았다. 엘리베이터에서 말 걸기 이후 공원이나 산책로에서 만나는 사람들에게도 말을 걸어 보았다. 사람들은 멈

칫하다가도 이내 대꾸를 했다. 예외 없었다. 많은 장소를 바꾸어 가면서 사람들에게 말을 걸어 보았다. 지금 생각해 보면 미친 짓 같지만, 그건 꽤 괜찮은 해법이었다. 엘리베이터와 공원, 등산로에서 말 걸기를 시도하면서 신기하게도 말하기에 대한 자신감이 붙기 시작했다. 동시에 말하기에 대한 두려움도 빠르게 사라지고 있었다. 두려움이 사라지면서 말의 스피드도 빨라졌다. 나귀를 타다가 갑자기 천리마로 바꿔 탄 기분이었다.

약속한 두 주가 지나고 그 다음 생방송을 하고 나오는데, 피디가 물었다.

"그동안 뭔일 있었어요? 어떻게 그리 달라질 수 있죠?"

"글쎄요. 나도 모르게……, 하하."

그 프로그램은 그로부터 무려 2년 더 이어졌다. 스튜디오에 가지고 들어가던 대본은 쓰레기통에 던져 버렸다. 간단한 메모지만 들고 스튜디오에 들어가서 '애드리브'로 생방송을 했다.

2010년 어린이 월간지에 동화작가로 데뷔했을 때 출판사 마케팅 담당 이사는 당시 출판시장을 어둡게 전망했다. 그때까지 하던 일을 모두 내던지고 새로운 인생을 펼치기 위해 작가가 되었는데, 그의 한마디로 작가에 대한 희망이 절망으로 바뀌어 버렸다.

대안을 찾아야 했다. 그 무렵 우연히 한 유명 강사의 강연을 듣게 되었다. 강연은 훌륭했다. 강연자의 말솜씨는 뛰어났고 내용도 괜찮았다. 문제는 강연을 듣는 대상이었다. 강연장에 참석한 청중은 대부분 어린이였는데, 그들은 강연자의 이야기에 빠져들지 못하고 있었다. 몇몇 아이는 하품을 하거나 딴청을 피웠다. 어떤 아이는 몸을 뒤틀거나 옆 친구와 이야기를 나누기도 했다. 심지어 화장실에 가는 아이도 있었다! 사정이 그런데도 강연자는 준비한 대로 계속 이야기를 이어갔다. 강연자와 아이들이 서로 겉돌고 있었다. 물과 기름이 뒤섞이지 못하는 것 같았다.

 방송 경험을 살려 강연을 해 보기로 마음먹었다. 하지만 내게는 기회가 없었다. 당시는 아직 번듯한 단행본 한 권 못 낸 때였으니 누군가 나를 섭외할 일이 없었다. 그렇다고 해서 마냥 감나무 밑에서 입 벌리고 누워 감 떨어지기만을 기다릴 수는 없는 노릇이었다. 기회를 만들기로 했다. 가까운 곳에서 방법을 찾기로 했다. 이번에도 떠오른 게 우리 아파트였다. 아파트 관리소장을 찾아갔다. 아이들을 모아주면 재미있는 이야기를 해 주겠노라고. 관리소장은 부녀회장을 찾아가 보라고 조언했다. 부녀회장은 의외로 나를 반겼다. 동화작가가 아이들에게 이야기를 들려주겠다니 거절할 이유가 없었다. 일은 일사천리로 진행되었다. 주말로 날을 잡았다. 나는 홍보 포스터를 만들어 아파트 엘리베이터에다 일일이 붙였다.

마침내 행사 예정일인 토요일 오후가 되었다. 약속된 시간이 다가오자 한두 명씩 아이들이 들어왔다. 대여섯 명이 왔다. 문제는 더 이상 아이들이 나타나지 않았다는 점이다. 슬슬 불안해져 갔다. 부녀회장에게 연락을 했다. 곧 아파트 방송으로 부녀회장의 목소리가 들려왔다.

"주민 여러분, 지금 노인정에서 유명한 생태동화작가의 강연이 시작됩니다. 우리 단지에 사는 분입니다. 다시없는 기회입니다. 선물도 있다고 하네요. 많은 참석 바랍니다."

부녀회장이 관리실에 와서 안내방송을 해 주었다. 부녀회장은 사람의 심리를 꿰뚫어 보고 있었다. 마지막 한마디가 결정적이었다.

"서둘러 주세요. 노인정 방이 그리 넓지 않습니다. 지금 많이 몰려오고 있네요."

방송을 듣고 아이들이 엄마 손을 잡고 몰려오기 시작했다. 노인정은 금방 가득 차 버렸다. 아이들이 계속 들어오자, 어른들은 자리를 비워 줘야 했다. 모객은 대성공이었다. 모객이 잘 되면 강연은 성공이나 다름없었다. 강연장에 사람이 꽉 차면 강연은 80%가 성공이란 말이 있다. 사람이 많이 모이면 절로 분위기가 만들어지기 마련이다. 강연은 시작도 안 했는데 아이들은 이미 감동할 준비를 하고 있었다.

강연을 시작했다. 오랫동안 촬영한 영상과 사진을 보여 주며 이야기를 했다. 아이들은 깔깔거리며 즐거워했다. 문밖에서 기다리고 있던 부모들도 덩달아 행복해했다. 노인정에서의 첫 강연은 성공이었다. 성공적인 강연보다 더욱 기뻤던 것은 비록 누구에게 섭외를 받아 행사를 치른 게 아니라, 내 스스로 강연 시작을 했다는 점이다. 공식적으로 누군가로부터 섭외를 받고 개런티를 받는 것은 아니지만, 이 시작에는 남다른 의미가 있었다. 그건 마치 강연의 봉인을 푼 기분이었다. 무엇이든 봉인을 풀지 않으면 그 어떤 것도 시작할 수 없다. 어떻게든 시작을 해야 나아갈 수 있다.

아파트 노인정 강연이 있은 지 얼마 뒤였다. 아파트 근처 생태공원에서 새를 관찰하고 있는데, 웬 여성이 물었다.

"새를 관찰하시는군요."

"생태동화작가입니다만."

"오, 그래요? 저도 생태에 관심이 많아요. 그런데 아무리 봐도 잘 모르겠더라고요."

그녀는 인근 초등학교 교사였다. 체험학습을 위해 아이들을 인솔해서 온 것이었다.

"우리 아이들도 생태동화 이야기를 들으면 좋아할 텐데……."

교사는 부러운 듯 혼잣말을 했다.

"그렇다면 제가 학교에 가서 아이들에게 이야기를 들려주면 어떨까요?"

내 제안에 교사의 얼굴이 밝아졌다. 교사는 교장선생님에게 말씀드려 보겠다고 대답했고, 이튿날 그 교사에게서 강연을 해 달라는 연락이 왔다. 물론 교실에서 하는 강연이었다. 강연 일정도 잡혔다. 무료 강연이었지만 경험을 쌓는 데 큰 도움이 되었다. 앞서의 노인정 강연에서 모자랐던 부분을 보충하고 수정할 수 있는 소중한 기회였다.

어느 날 대학교 교수님을 만났다. 작가로 데뷔하고 강연을 시작했다고 말씀드렸더니, 마침 총학생회 간부들 연수가 있다는 것이었다. 장소는 충남 대천 해수욕장의 대학교 연수원이었다. 흔쾌히 가겠다고 했다. 며칠 뒤 총학생회 학생으로부터 연락이 왔다. 연수원의 작은 회의실에는 영상 모니터가 없다고 알려 왔다. 당시에는 영상을 보여 주지 않으면 안 될 것 같았다. 다급한 대로 대형 텔레비전을 샀다. 텔레비전을 차에 싣고 연수원까지 내려갔다. 대학생 대상 강연을 하면서 또 다른 경험을 했다. 부족한 게 많았다. 채워야 할 게 더 많이 나왔다.

덴마크 출신의 허스크밋나븐HuskMitNavn이라는 예술가가 있다. 종이 한 장으로 세계적인 아티스트가 된 사람이다. 그의 작품은 멋진 서양화도 아니고 조각도 아니다. 그는 A4 복사 용지 한 장을 예술로 만든 주인공이다. 허스크밋나븐의 작품을 보면 놀라운 아이디어에 혀를 내두른다. 종이 한 장을 찢거나 접거나 돌돌 말았을 뿐인데, 우리가 상상할 수 없는 세계를 만들어 낸 것이다.

"아무것도 안 하면 아무것도 변하지 않는다."

한 번도 해 보지 않았다고 해서 마냥 앉아서 기다릴 수는 없었다. 아무것도 안 하고 뭔가 좋은 일이 생겨날 것이라고 믿는 건 어불성설이다. 목표를 세웠다면 우선 움직여야 한다. 뛰어야 한다. 무엇이라도 해야 한다. 하다못해 종잇장이라도 찢어 보아야 한다. 허스크밋나븐처럼 말이다. 초등학교와 대학교 연수원 등 계속된 후속 강연들을 통해 짧은 시간 안에 강연안을 어떻게 짜야 하고, 무엇에 초점을 맞추어야 하는지 서서히 감이 오기 시작했다. 그건 절대 공짜가 아니었다. 내게는 빠르게 무형의 강연 자산이 쌓이고 있었던 것이다.

아무것도 안 하면 아무것도 변하지 않는다. 우리가 세상을 살아가면서 한번 새겨볼 만한 말이다.

강연자를 위한 강연 FAQ | 01

강의인가 강연인가?

'강의'와 '강연'의 사전적 정의는 이렇습니다. '강의'는 '미리 정해진 커리큘럼에 따라 체계적으로 가르치는 행위'이고, '강연'은 '일정한 주제를 놓고 다수의 청중 앞에서 정보를 주거나 말하는 행위'입니다. 제가 강조하고 싶은 건 강연은 결코 강의가 아니라는 말입니다. 강의는 대학에서 교수에게 배웠던 방식을 떠올리면 쉽게 이해될 겁니다. 이 말은 강연이 대학 강의처럼 진행되어서는 안 된다는 의미입니다.

작가들은 초등학교 독서 담당 교사나 사서로부터 강연 섭외를 받고 시청각실이나 체육관(다목적실이나 강당이라고 부른다)에서 아이들을 만납니다. 이른바 '작가와의 만남'이고 대개 일회성입니다. 학교에서는 사전에 주제를 정합니다. 예컨대 생태나 환경, 역사 등등 셀 수 없이 다양한 주제를 정하겠지요. 제 경우를 예로 들자면, '자연에서 배우는 지혜' 또는 '젊은 세종에게 배우는 상상력' 등등의 여러 강연 주제를 준비해 놓고 있습니다. 가끔 예외적인 상황(강연 일정이 아주 촉박하게 잡히는 경우)이 있기는 하지만, 학교와 강연자는 주제 도서도 정합니다. 저학년이면 대개 아이들이 쉽게 읽을 수 있는 그림책으로, 중·고학년이면 글밥이 좀 많은 동화책으로, 6학년을 대상으로 할 경우 역사동화로 주제 도서를 정합니다.

'강연'의 한자어를 한번 떠올려 보지요. 강연은 한자로 '講演'입니다. '講'은 익힐 강, 배우고 익힌다는 뜻이지요. 뒤의 글자 '演'은 '배우가 연기하다' 할 때의 '연'자입니다. 강연은 청중 앞에서 정보를 주거나 말하는 행위인데, 배우가 연기하듯 이야기하는 식이 아닐까 싶습니다. 물론 강의나 수업을 진행할 때도 연기하듯 한다면 그 효과가 더 클 수도 있을 것입니다. 강연은 강의보다 더 흥미롭고 재미있는 방식이 동원되어야 하지 않을까 생각합니다. 왜냐고요? 우리가 학교에서 만나는 대상이 바로 어린이이기 때문입니다. 아이들은 집중시간도 길지 않고 뭔가 흥미를 느끼지 못하면 금방 지루해합니다.

학교에서 외부 강연자를 섭외할 때 고민하는 부분도 바로 그겁니다. 과연 강연자가 와서 두 시간(학교 수업 시간 40분 + 40분) 동안 정말 재미있게 해 줄 수 있을까 걱정하는 거지요. 그렇기 때문에 학교 독서 담당 교사나 사서는 고민에 고민을 거듭합니다. 작가와의 만남이 일회성이긴 하지만, 단순한 행사가 아니거든요. 가정통신문을 통해 학부모에게도 고지하는 공식 행사인 거죠. 다시 말해 수많은 사람이 지켜본다는 뜻입니다. 학교 담당자는 물론, 교장 같은 관리자로서도 당연히 부담되는 행사가 아닐 수 없습니다. 따라서 제가 '연기하듯'이라고 표현한 것처럼 좀 더 재미있고 흥미있게 이야기를 해주어, 아이들이 두 시간 동안 집중할 수 있도록 작가들이 머리를 짜내야 한다는 말입니다. 그래서 우리는 강연도 하고 체험활동도 하고, 또 두 시간을 더 흥미롭게 끌어가기 위해 다양한 아이디어를 동원하게 됩니다. 물론 사인회도 포함되고요. 책을 지은 외부 강연자가 학교에 오는 행사이니, 조금은 잔치와 같이 흥겹고 즐거워야 하지 않을까 싶어요. 너무 의례적이고 딱딱한 분위기는 맞지 않는다는 말입니다.

그렇다면 이런 질문이 나올 수 있습니다. 강연 잘하는 명사를 따라 하면 어떨까요? 나는 곧잘 옷에 비유합니다. 사람마다 자신의 몸에 맞은 옷이 있습니다. 키와 덩치가 비슷하다고 해서 두 사람의 옷이 똑같지 않습니다. 사람에 따라 골격과 근육이 다릅니다. 남을 비슷하게 흉내낸다고 해서 멋진 강연이 되지는 않습니다. 유명한 강연자들은 오랫동안 강연해 오면서 자신의 몸에 맞는 나름의 독특한 방식을 찾아낸 것입니다. 결론은 내 몸에 맞는 강연을 만들어야 한다는 겁니다. 굉장한 노력이 필요합니다. 한두 해로 끝날 일이 아닙니다.

실전에서 무수히 반복하고 말이 입에 익어야 하고 또 만족스럽지 못한 부분이 나오면 수정하고, 또 더 좋은 게 나오면 대체하기도 하면서 나만의 강연을 만들어야 한다는 말입니다. 결코 쉽지 않은 일이지만, 타고난 강연자는 없습니다. 목표와 의지와 열정이 있다면 누구든 가능한 일입니다.

첫 강연 무대가 된
동네책방

2011년 6월, 마침내 첫 번째 생태동화 『둠벙마을 되지빠귀 아이들』이 출간되었다. 어린이 잡지에 연재하던 작품들을 수정, 보완하여 단행본으로 출간했다. 운 좋게도 첫 번째 동화책은 나오자마자 교육과학부(지금의 교육부) 우수도서에 선정되었다. 우수도서로 선정되면 각 학교 도서관에서 수서 목록에 올린다. 첫 책이 조금씩 판매되기 시작했다. 출판사에서는 연재하던 두 번째 작품에 대한 단행본 작업도 서두르고 있었다. 어찌 보면 모든 게 물 흐르듯 원활하게 흘러가고 있었다.

하지만 책이 나온 뒤 작가로서 할 수 있는 일이 아무것도 없었다. 책이 출간되기만 하면 내 책을 읽는 독자를 만날 수 있을 거라 기대했다. 독자들의 반응을 감안해서 다음 책을 만들 때 더 보완할 수 있을 거라 기대했기 때문이다. 무엇보다 내가 책을 펴내는 이유는 독자와의 소통이었는데, 그런 기회가 도통 없었다.

생각 끝에 다시 강연할 곳을 찾아다녔다. 물론 강사료는 언감생심 바라지도 않았다. 오로지 필요한 건 실전 경험이었다. 당시 몇몇 학교에도 들러 보았다. 생태작가라는 사람이 나타나 다짜고짜 아이들에게 강연을 해 주겠노라고 하니 교무실에 있던 교감선생님이 어이없다는 표정을 지었다. 나중에 알고 보니 학교는 장사꾼이 물건 파는 식으로 접근해서는 안 되는 곳이었다. 학교는 일 년 단위로 학사일정을 미리 세우고, 그에 따라 운영하고 있었다. 그러니 누군가 불쑥 찾아와서 아무리 좋은 제안을 해도 받아줄 수가 없었다.

"생태동화 『둠벙마을 되지빠귀 아이들』을 쓰신 작가님 맞나요?"

"네, 그렇습니다만……."

"작가님께 강연을 좀 부탁하려고요."

어느 날 낯선 전화 한 통이 걸려 왔다. 서울 마포의 한 동네책방 대표였다. 새로 문을 연 책방에서 초등학교 아이들을 대상으로 한 생태 강연과 조류 탐사를 요청해 온 것이다. 강연 경험이 절대적으로 필요한 내게 찾아온 첫 기회였다. 무엇보다 신이 난

건 '공식 개런티'도 있다는 말이었다.

 강연 준비에 들어갔다. 머리를 싸매고 강연안을 만드는데, 마음에 들지 않았다. 만들었다가 고치고, 바꾸고, 그렇게 한 걸 또 갈아엎기도 했다. 초등 아이들 대상의 강연이었지만, 부담이 적지 않았다. 내 고민이 깊었던 이유는 강연을 들을 아이들의 연령대가 무척 다양하기 때문이었다. 1학년부터 6학년까지, 그러니까 저학년부터 고학년까지 골고루 분포되어 있었다. 대체 어디에 눈높이를 맞춰야 하지? 저학년에 맞추어야 할까, 아니면 고학년에 맞추어야 할까? 만일 저학년에 눈높이를 맞추면 고학년들은 유치하다 할 것이고, 또 고학년에 맞추면 저학년 아이들이 못 알아들을까 봐 여간 걱정스러운 게 아니었다. 첫 번째 공식 강연을 준비하는 데만 무려 일주일의 시간이 흘렀다. 많은 시간을 들였다고 만족스러운 강연안이 나온 것도 아니다. 경험이 없었으니 그저 가상의 설계였을 뿐이다.

 동네책방 강연 공간은 작았다. 열 명 정도의 아이가 앉은뱅이 책상 앞에서 나를 기다리고 있었다. 지금이야 처음 본 순간 재미있는 멘트를 날려 아이들과 작가 사이에 가로막힌 유리벽을 시작 전부터 없애지만, 당시에는 어찌할 바를 몰랐다. 멀뚱멀뚱 내 얼굴만 쳐다보는 아이들 역시 긴장한 표정이 역력했다. 덩치 큰 낯선 어른이 작은 방에 들어와서 문 앞에 버티고 서 있었으니 그도 그럴 만했다.

"얘들아, 안녕!"

"안녕하세요."

아이들은 모깃소리보다 작은 목소리로 나를 반겼다. 어쨌거나 인사를 나눴으니 이제는 강연을 시작해야 했다. 내가 촬영한 사진을 보여 주며 이야기를 풀어 나가려 했다. 텃새 직박구리였다. 그 순간!

"새는 무서워!"

저학년으로 보이는 한 아이가 직박구리 사진을 보고는 무섭다며 고개를 돌렸다.

"괜찮아. 새가 귀엽지 않니?"

나는 아이에게 다가가서 다독여 주었다. 전혀 예상치 못한 상황이 벌어진 것이다. 나는 아이들이라면 누구나 새를 좋아할 거라고 생각하고 있었다. 하지만 그건 선입견이었다. 나와 달리 생각하는 사람이 있었던 것이다. 순간 할 말을 잃었다. 얼른 강연안의 다른 장면으로 화면을 바꾸었다. 뒤뚱뒤뚱 걸으며 꽥꽥 소리를 내는 오리 영상을 보여 주었다. 다행히 아이의 얼굴이 조금 밝아졌다.

학교에서 입양한 뒤 한동안 아파트에서 함께 살았던 오리 영상을 보여 주자 모든 아이들 얼굴에 환한 미소가 떠올랐다. 아이들은 오리를 좋아했다. 이야기를 시작할 때 보여 준 직박구리는 잘 모르는 낯선 새인데다 부리가 날카로워서 무섭다는 아이가 있었지만, 오리는 좀 달랐다. 같은 새이지만 오리는 아이들의 흥미를 끌었다. 아이들의 반응이 좋아지자 분위기를 더 끌어올리고 싶었다. 원래 맨 나중에 하려고 했던 '둥지 만들기' 체험활동을 앞당겼다.

"우와, 둥지 만들기다!"

이끼(화훼시장에서 쓰는 푸른색의 인공 이끼)와 하얀색 천사 점토(가벼운 인공 점토)를 꺼내자 아이들이 환호성을 질렀다. 아이들은 체험활동을 좋아했다. 이끼에 물을 뿌리자 자신들이 원하는 모양을 만들 수 있었다. 아이들에게 아주 이색적이고 독특한 새 둥지를 만들어 달라고 주문했다. 보통의 둥지가 아니라 상상력을 동원해서 엉뚱한 둥지를 만들라고 하니까, 아이들은 신이 났다. 천사 점토로 만드는 알도 흔한 알이 아니었다. 역시 상상력을 발휘하라고 주문했다. 어떤 아이는 주먹만 한 타조알 크기의 외계 알을 만들었고 어떤 아이는 꽈배기 모양의 알을 만들었다. 또 어떤 아이는 구멍이 뻥 뚫린 이상한 알을 빚었고, 또 어떤 아이는 정교한 정육면체 알을 만들었다. 각자 이상한 둥지에 이상한 알을 넣으니 모든 게 우스꽝스러웠다. 모두 깔깔거리며 즐거워했다.

강연을 마치고 점심을 먹은 다음 한강 둔치로 가서 기러기를 구경했다. 수천 마리의 기러기가 한강 둔치에 모여 있는 건 그야말로 장관이었다. 조류 관찰용 고배율 망원경인 필드스코프로 새를 관찰하면서 아이들은 탄성을 질렀다. 수백 미터 멀리 떨어져 있는 새들이 마치 코앞에 있는 것처럼 보이니 아이들은 신날 수밖에 없었다.

첫 강연과 탐조 행사 모두 무사히 끝난 듯했다. 하지만 내 마음 한구석은 돌덩이를 얹은 듯 무거웠다. 강연 전부터 우려했던, 학년 차에서 나오는 문제점을 충분히 대비하지 못했다. 최대한 알기 쉽게 이야기했지만, 여전히 저학년 아이들의 눈높이를 충족시키지 못했다. 그렇다고 고학년 아이들을 만족시킨 것도 아니었다. 만들기 체험활동을 할 때 아이들의 만들기 속도를 고려하지 못한 것도 아쉬웠다. 고학년 아이들은 뭐든지 뚝딱 만들어 내지만, 저학년 아이들은 나무늘보처럼 느렸다. 만들어 놓고 난 뒤의 활동도 대비하지 못했다. 지금이야 아이들이 나와서 자신의 작품을 설명하기도 하고 또 다양한 방식으로 여러 부문의 상을 걸고 뽑기도 하지만 첫 강연에서는 적절하게 대비하지 못했다. 동네책방 대표는 만족스럽다고 말했지만, 책방을 나서는 내 마음은 개운치 않았다. 역시 실전의 경험이 절실했던 것이다.

집에 돌아와서 밤새도록 행사를 복기해 보았더니, 점수를 얻을 만한 구석이 보이지 않았다. 끝까지 내 머릿속에서 뱅뱅 돌았던 건 "새는 무서워"라는 아이의 목소리였다. 내가 준비한 걸 누구나 다 좋아하는 게 아니라는 뼈아픈 교훈을 얻었다. 강연은 역시 어느 것 하나 허투루 볼 일이 아니었다. 모든 걸 다 충족시켜야 했다. 동네책방의 첫 공식 강연에서 문제점들이 고스란히 드러났지만, 그건 되레 나를 자극했고 강연자로서의 목표를 만들어 주었다. 그런 점에서 동네책방에서의 첫 경험은 내게 디테일의 중요성을 일깨워 준 소중한 첫 강연이었다.

강연자를 위한 강연 FAQ | 02

초보 강연자는
무엇을 해야 할까?

'강연자를 위한 강연' 때 이런 질문을 많이 받습니다. 무엇을, 어떻게 해야 할지 모르겠다고. 누구에게나 처음은 있습니다. 나도 처음에는 막막했습니다. 그때는 단 하나의 강연이 없었을 때였어요. 무슨 일이든지 처음이 힘듭니다. 이건 누구든 겪는 과정이라고 봅니다. 시작부터 누군가 나를 알아보고, 처음부터 대박을 터뜨린 사람은 없습니다. 어느 분야든 마찬가지입니다.

하지만 당장 시작해야 한다고 해서 두려워할 건 없습니다. 실전에서 있었던 사람의 예를 들어 보겠습니다. A작가는 몇 년 전 '멘토-멘티 맺기 프로젝트'로 나와 인연을 맺었습니다. 그 작가는 당시 달랑 그림책 한 권밖에 없었습니다. 강연에 대한 경험도 전무했고요. 처음부터 강연을 해야겠다고 생각한 것도 아니었습니다. 강연에 대한 코치를 해 주면서 그 작가의 생각이 바뀌기 시작했어요. 뭔가 할 수 있다는 방향으로요. 다행히 그 작가는 그림을 그리는 것 말고도 또 하나의 재능이 있었습니다. 그건 바로 악기 연주였습니다. 악기 연주 얘기를 듣는 순간 성공을 예감하고, 강연 활동을 본격적으로 해 보라고 권했습니다. 시간이 좀 걸리더군요. 그림책과 연주를 콜라보하는 강연이 당시에는 좀 낯설었던 모양입니다. 1~2년 사이에 강연 기회가 크게 늘지 않았습니다. 그러던 것이 3년이 지나자 섭외가 들어오더랍니다. 지금은 초등학교는 물론, 중고등학교에서도 다양하게 섭외를 받는다고 하더군요. 피아노 치는 작가라는 콘셉트가 딱 맞아떨어진 게 아닐까 싶습니다.

또 다른 예를 들어 볼게요. 강연자를 위한 강연 때 찾아온 이 동화 작가도 강연에 대한 의욕이 넘쳤습니다. 하지만 1년에 3~4번밖에는 섭외받지 못하고 있었어요. 어떻게 해야 하냐고 묻길래 내가 되물었습니다. "정말 강연을 꼭 하고 싶으냐?"고 말이죠. 여러 가지로 절박한 상황이라고 하더군요. 이때 단호하게 말씀드렸습니다. "그렇다면 맨땅에 헤딩한다는 각오로 해야 한다"고 말이죠. 얼마 뒤 정말 공공도서관으로 찾아가서 담당 사서를 만나 강연 일정을 잡았다고 하더군요. 그런 절박함은 엄청난 에너지를 갖고 있습니다. 그 작가는 강연 시작 3년 만에 100회가 넘는 섭외를 받는다고 했습니다.

100회를 넘어서면 가속이 붙습니다. 그 횟수는 학교 강연 시장(비즈니스에서 말하는 시장은 아니지만, 시장이 모든 걸 결정한다는 차원에서 쓰는 표현입니다)에서 얼마든지 더 성장할 수 있고 뻗어 나갈 수 있는 수준입니다. 한눈만 팔지 않고 레퍼토리 계발을 게을리하지 않는다면 계속 늘어갈 수밖에 없습니다.

참, 정작 해야 할 답변을 못 했네요. 강연을 시작하려면 내 존재를 알려야 합니다. 그게 뭘까요? 그건 바로 인터넷상에 내가 있다는 사실을 알려야 한다는 뜻입니다. 나라는 작가, 그리고 내 작품을 보여 주고, 내가 강연 시장에서 움직이고 있다는 걸 보여 주어야 합니다. 아무런 강연도 없고 그 어떠한 섭외를 받지 못해서 올릴 게 없으면 어떡하냐고요? 만들면 됩니다. 그게 어디가 되었건 내가 강연하고 이야기하는 장면의 증거물을 만들어 사회관계망서비스(SNS)에 올리는 것이죠. 처음에는 개런티에 연연해서도 안 됩니다. 우선 내 존재를 알리는 게 급선무이니까요. 서너 번 정도 활동을 하다 보면 나에게 부족한 게 무엇인지, 어떻게 해야 아이들이 흥미를 갖고 내 이야기에 귀를 기울이는지, 무엇을 어떻게 해야 놀라운 리액션이 나오는지 알게 됩니다. 속담이 딱 맞습니다. 부뚜막의 소금도 넣어야 짭니다. 오늘 당장 내 존재를 알려 보세요. 분명히 누군가 나를 지켜보는 사람이 나옵니다. 또 나를 필요로 하는 사람이 찾아옵니다. 세상은 참 신기합니다.

책 너머의 감동,
북콘서트

초등학교 5학년 때였다. 당시 서울에는 이른바 '콩쿨 대회'라 불리던 순회공연이 유행이었다. 요즘으로 치자면 전국노래자랑의 시골 동네 버전쯤 되겠다. 규모는 정말 보잘것없었다. 동네에서 제일 큰 공터에 얼기설기 가설무대를 지어 놓고 기타와 드럼 연주에 맞춰 참가자들이 노래자랑을 하는 대회였다. 1등 한다고 전국대회에 나가는 것은 아니지만, 콩쿨 대회는 당시 선풍적인 인기를 끌었다. 콩쿨 대회는 배고픈 시절 서민들의 문화적 욕구를 해소하는 한마당이었던 셈이다.

"우리 막내 무대에 좀 올려 보자."

처음엔 누나들의 장난으로 시작되었다. 평소 엉뚱한 짓을 많이 하는 나를 골탕 먹이려고 누나들이 신청을 해서 나를 무대에 올렸다. 엉겁결에 무대에 오르긴 했지만 나도 싫지만은 않았다. 당시 폭발적인 인기를 누리던 남진의 노래가 너무나 멋졌기 때문이었다. 며칠 동안 흥얼거리며 노래 연습을 하고는 무대에 올랐다. 다리가 후들거렸지만, 동네 어른들의 박수와 환호 덕분에 자신감이 생겼다. 나는 목소리를 높이고 춤까지 추면서 열창할 수 있었다. 그때 나는 놀라운 경험을 했다. 그건 바로 객석을 바라보는 것이었다. 사람들은 의자도 없이 마당에 털퍼덕 앉아 있었는데, 무대 위에서 그 많은 사람을 내려다본 건 새롭고 놀라운 경험이었다. 무대는 상상할 수 없는 열광과 흥분을 만들어 내는 공간이었다. 동시에 엄청난 자신감을 심어 주기도 하였다.

2015년 가을이었다. 미디어북톡 정진희 대표가 나를 찾았다. 대뜸 전라남도의 한 공공도서관에서 북콘서트를 해 보자고 했다. 당시 북콘서트라는 말은 아주 생소하고 낯설어서 나는 무엇을 어떻게 해야 할지 막막했다. 행사 당일 도착하니 통기타를 둘러맨 가수들이 이미 무대 위에서 연습을 하고 있었다. 객석에는 100명도 넘는 학부모와 아이들로 꽉 차 있었다. 북콘서트 행사 오프닝과 엔딩 때 뮤지션들이 연주와 노래를 하고, 나는 강연을 했다. 무선마이크를 들고 객석 사이를 정신없이 돌아다니며 강연하는 바람에 촬영팀이 고생하긴 했지만, 첫 북콘서트는 그런

대로 잘 넘어갔다.

얼마 뒤 북콘서트 영상이 케이블 TV에 방영되었다. 그것도 하루 대여섯 번씩이나. 강연하는 모습과 가수들의 연주와 노래 그리고 청중들의 반응을 지켜보면서 북콘서트 장점들이 눈에 들어왔다. 단순히 강연만 하는 행사와는 차원이 달랐다. 북콘서트에는 책을 넘어서는 묘한 감동이 있었다.

그로부터 얼마 뒤 미디어북톡에서 다시 연락이 왔다. 이번에는 북뮤지션과 함께 북콘서트를 하자는 제안이었다. 북뮤지션 제갈인철 씨는 소설이나 동화를 소재로 노래를 만들어 공연을 하고 있었다. 그와의 첫 무대에서 책과 콘서트의 결합, 문학이 음악과 화학적으로 결합하는 순간의 놀라운 확장성과 가능성을 엿보게 되었다.

"생태동화 책 내용으로 작사 한번 해 볼까요?"

어느 날 제갈인철 씨에게 제안했다.

"오, 좋죠. 날아라, 삑삑아!"

노랫말을 만들어서 넘겼는데, 그는 도깨비방망이라도 두드린 것처럼 사흘 만에 뚝딱 작곡을 마치고 악보를 보내왔다. 이제 실전만 남았다. 그때 마침 용인문화재단에서 문화예술활동 공모사업 공고(지자체 문화재단에서는 다양한 문화예술 공모사업을 진행하는데, 연초에 공모 공지를 한다. 단체는 물론, 개인도 신청할 수가 있다)가 나왔다. 우리가 제안한 소외지역 초등학교 북콘서트가 선정되었다. 용인지역 변두리에 있는 초등학교를 섭외해서 일정을 잡았다.

공연의 힘은 대단했다. 아이들은 자신들이 읽었던 동화가 노래로 나오자 흥얼흥얼 따라 불렀다. 신이 난 아이들은 앙코르를 연호했다. 심지어 자리에서 모두 일어나 노래하면서 몸을 흔들었다. 동화가 노래가 되면서 생각지도 못한 장면이 연출된 것이다. 생태동화 작품 주제곡이 호응을 얻자, 이번에는 그림책 『비비를 돌려줘!』 작사에 들어갔다. 제갈인철 씨는 아이들이 쉽게 따라부르도록 빠른 박자의 노래를 작곡했다. 이른바 랩곡이 나왔다. 아이들은 더욱 신나게 박수를 치며 노래를 따라 불렀다.

제갈인철 씨와의 북콘서트가 성황을 이루면서 또 다른 상상력이 발동되었다. 소프라노를 영입하면서 스토리텔링과 성악을 접목했다. 널리 알려진 〈넬라 판타지아〉나 〈오 미오 바비노 카로 O mio babbino caro〉(나의 사랑하는 아버지)와 같은 아리아를 행사 앞뒤에 넣고, 〈바람의 색깔〉(디즈니 애니메이션인 포카혼타스의 주제곡)이나 〈렛 잇 고〉(겨울왕국 주제곡)를 추가하면서 아이들의 눈높이를 맞추었다. 북콘서트 때 소프라노에게 색다른 주문을 했다. 클래식 연주자들은 보통 무대 위에서는 한 마디도 하지 않는다. 레퍼토리로 선정한 몇 곡만 부르고 무대에서 내려온다. 그

걸 학교나 공공도서관에 맞추어 바꾸고 싶었다. 성악가는 어떤 소리도 음정을 정확히 맞추는 절대음감의 소유자였다. 그걸 활용해서 아이들이 생태동화 노래의 오리 소리를 '삑!' 하고 내면 음정을 정확히 맞추는 게임을 시도해 보았다. 아이들은 물론, 선생님들도 탄성을 질렀다.

해가 바뀌면서 피아니스트가 북콘서트에 합류했다. 이른바 '피아노가 있는 북콘서트'의 시작이었다. 그런데 피아니스트와의 공연에는 제약이 따랐다. 무대에는 그랜드 피아노는 아니라도 업라이트 피아노(울림판과 현이 수직으로 배열되어 있는 키 큰 피아노)는 있어야 하는데 무엇보다 피아노 조달이 쉽지 않았다. 설령 피아노가 있다 하더라도 공연 전에 반드시 조율을 해야 한다. 그런데 그 예산을 따로 마련하기가 어렵고, 사전에 피아노 조율하는 일도 만만치 않았다. 다행히 새로 합류한 피아니스트가 그 문제를 말끔히 해결했다. 그녀는 전자 피아노를 쓸 수 있었다. 키보드가 좀 무거웠지만 언제든 차에 싣고 이동이 가능했기 때문에 악기 조달 문제가 해결되었다.

'피아노가 있는 북콘서트'에서는 쇼팽의 〈즉흥 환상곡〉이나 〈아드린느를 위한 발라드〉, 〈파헬벨의 캐논 D장조〉와 같은 명곡을 연주하는데, 아이들에게는 더 쉽고 경쾌한 곡이 필요했다. 〈고양이의 춤〉은 그런 연유로 큐시트에 들어갔다. 나는 피아니스트에게 또 다른 주문을 했다. 동물들의 감정을 피아노로 표현해 달라고 요청했다. 그렇게 나온 게 바로 '피아노로 치는 고양이의 감정표현'이었다. 슬픈 고양이, 배고픈 고양이, 정신없는 고양이 등을 피아노 연주로 들려주었다. 그것으로 만족할 수 없었다. 더 파격적인 걸 찾았다. 그게 바로 '아이들과의 듀오Duo 연주'였다. 쇼팽의 〈즉흥 환상곡〉을 연주한 뒤 자원한 아이 한둘을 무대로 불러내 피아니스트와 함께하는 듀오 연주를 시도했다. 아이들이 건반 몇 개를 누르는 동안 피아니스트가 연주하는 식으로 말이다. 아이들이 유명 피아니스트와 듀오로 연주하는 셈이었다. 나중에는 자원자가 너무 많아 감당하기 어려웠다. 분위기가 무르익으면 뒤에 앉아 있는 담임선생님을 무대로 모셨다. 담임선생님이 듀오 연주를 하자, 아이들은 열광했다. 제주도의 한 학교에서는 교장선생님이 자원해서 듀오 연주를 하기도 했다.

북콘서트는 다양한 조합이 가능하다. 강연자와 북뮤지션, 성악가, 피아니스트 또는 다양한 악기의 연주자, 국악 판소리꾼과 무대를 만들 수 있다. 심지어 작가 자신이 직접 노래를 부를 수도 있다. 몇 년 전 소프라노와 함께 듀엣에 도전해 보았다. 처음에는 〈10월의 어느 멋진 날에〉를 부르다가, 점차 자신감이 생기면서 이탈리아의 세계적인 테너 안드레아 보첼리와 영국의 팝페라 가수 사라 브라이트만이 함께 부른 〈콘 테 파르티로Con te partirò〉(영어명 Time to Say Goodbye)에 도전했다. 처음에는 빠른 이탈리아어 발음을 따라하기 힘들었지만, 유튜브를 보며 수백 번 따라 부르니 가능해졌다. 연습을 거듭할수록 고음도 점차 해결되었다. 유명 테너처럼 멋지게 부를 수는 없지만, 작가가 소프라노와 듀엣으로 노래하는 것만으로도 관객들은 환호성을 질렀다. 회를 거듭하면서 나중에는 턱시도 차림으로 무대에 오르기도 했다.

북콘서트는 이미 여러 강연자들이 하고 있다. 큰 규모의 지방자치단체부터 공공도서관, 학교에서도 자주 열린다. 테너와 소프라노 같은 성악가, 다양한 악기의 연주자들이 나서고 있다. 가수들로 이루어진 팀이 있는가 하면, 밴드 '판'처럼 키보드와 타악기, 연극배우가 팀을 이루기도 한다. 연극배우가 동화나 그림책의 내용을 극화해 연기를 하면서 중간중간 연주를 삽입하는 방식도 인기를 끌고 있다.

북콘서트는 특정한 사람의 전유물이 아니다. 누구나 할 수 있다. 자신의 강연과 작품을 다양한 뮤지션과 함께 접목하면 된다. 피아노, 바이올린, 첼로, 기타와 같은 서양 악기도 있고 가야금이나 해금, 대금이나 소금 같은 국악기와의 조합도 가능하다. 굳이 클래식이나 국악기와만 함께해야 하는 것도 아니다. 가벼운 하모니카나 오카리나, 우크렐레도 좋다. 스토리텔링과 연주를 잘 조화시키면 훌륭한 북콘서트가 가능하다. 연주자가 따로 있어야 하는 것도 아니다. 강연자가 배워서 강연과 연주를 조화시킬 수도 있다. 실제로 기타 연주와 강연을 혼자 하는 강연자도 있다. 타악기를 배워서 작가와의 만남 행사 구성에 넣는 작가도 있다. 심지어 키보드를 가지고 다니며 연주와 강연을 하는 것은 물론, 자신의 작품을 바탕으로 작곡을 해서 1인 공연하는 강연자도 있다.

학교에서는 강연자만 등장하는 작가와의 만남뿐 아니라 북콘서트를 기획하기도 한다. 아이들의 문화적 욕구를 채워 주려는 목적도 있지만, 아이들이 공연 관람을 통해 동화나 그림책을 더 흥미롭게 받아들이도록 하려는 목적이 있다. 공연을 보는 아이들의 반응은 놀랍다. 그건 단순히 스토리텔링으로 끝나는 작가와의 만남과는 차원이 다르다. 아이들은 열광하면서도 기나긴 여운을 간직하는 것 같다. 아이들은 뭐든지 스펀지처럼 빨아들일 준비가 되어 있는데, 연주가 어우러지면 더 신명나고 행복해한다. 북콘서트는 강연자라면 누구라도 한번 도전해 볼 만한 가치가 있다.

강연자를 위한 강연 FAQ | 03

북콘서트는 혼자
할 수 없나요?

타악기를 배워 작가와의 만남 시간에 활용하는 강연자가 있습니다. 이야기를 하다가 젬베를 두드리는데, 아이들은 흥겨워서 박수를 치며 노래를 부릅니다. 홍종의 작가가 그 주인공입니다. 홍 작가는 1년 동안 따로 시간을 내어 악기를 배웠다고 합니다. 백창우 시인은 손수 기타를 치며 노래를 부릅니다. 자신이 작사·작곡한 노래가 수백 곡에 달하며 아이들이 흥얼거리는 노래 중에는 그의 곡이 꽤 있습니다. 그는 기타의 달인이자 작곡의 천재입니다. 아이들의 감성을 정확히 꿰뚫어 곡을 만드는데, 따라 부르기 쉽고 여간 재미있는 게 아닙니다. 키보드를 치며 강연을 하는 신유미 작가도 있습니다. 그녀는 따로 작곡을 배워 자신의 그림책 주제곡을 만들어 연주하기도 합니다. 그야말로 1인 북콘서트가 되고 1인 공연이 되는 셈이죠.

노래와 연주는 엄청난 장점이 있습니다. 노래나 연주는 누구나 다 좋아한다는 점이 제일 큰 장점입니다. 대상이 아이나 어른은 물론 가족 행사라 하더라도 강연장의 분위기를 한껏 띄울 수가 있습니다. 강연자는 청중이 많으면 많을수록 부담을 느끼기 마련입니다. 그에 따라 음향 장치의 성능도 받쳐 주어야 하는데, 많은 인원수를 만족시키기에는 한계가 따릅니다. 아무리 재미있게 이야기를 해도 80분

동안 집중을 시키는 일은 만만치 않습니다. 이에 비해 연주나 노래는 대인원도 상관없습니다. 어찌 보면 인원이 많을수록 더 큰 반응을 불러옵니다. 음악의 힘 때문이라 생각합니다.

자신의 작품을 이야기하면서 여러 악기 연주를 곁들일 수 있겠지요. 옛이야기나 그림책이라면 판소리가 잘 어울릴 겁니다. 키보드나 바이올린 같은 악기는 일정 수준에 오르려면 시간이 꽤 걸리긴 합니다. 하지만 한두 곡을 집중적으로 배울 수도 있습니다. 그런 식으로 연주하며 아이들과 호흡을 맞추면서 강연을 다채롭게 할 수도 있겠지요. 그밖에 자신의 작품을 노래로 만들어 아이들과 함께 부를 수도 있습니다. 미리 제작한 'MR'(Music Recorded의 약자로 반주 음악, 우리나라에서만 통용되는 '콩글리시'입니다) 반주에 맞춰 노래할 수도 있습니다. 한번 제작해 두면 두고두고 활용할 수 있으니, 비용이 좀 들더라도 자신의 강연 세계를 더욱 풍성하고 윤기 있게 만들 수 있습니다. 일반 악기가 아니더라도, 병이나 컵에 물을 담아 연주할 수도 있겠지요. 체험을 병행하는 방법이어서 연구해 볼 만합니다. 상상하는 만큼 다양하고 특별한 북콘서트가 가능하다는 사실, 이제 실천만 남았습니다.

2부

재미 가득, 감동 한 스푼

학교 강연의 기술들

재미 요소는 아이들의 집중력을 높여
강연장의 분위기를 살려 준다.
그 어떤 요소보다 재미를 강조하는 건 바로 그 때문이다.
하지만 여기서 꼭 짚고 넘어갈 게 있다.
재미가 중요하다고 해서
오로지 재미만 추구하는 건 경계해야 한다.
강연은 재미있되 반드시 메시지가 있어야 한다.

강연의 3대 요소

"초등 강연에서 제일 중요한 게 뭔가요?"

오래전부터 '강연자를 위한 강연'을 할 때마다 작가들에게서 꼭 받는 질문이다.

"강연에는 세 가지의 중요한 요소가 있어요. 이른바 강연의 3대 요소죠."

이런 말을 들으면 작가들은 얼른 펜을 꺼내 든다. 마치 시험에 나올 것처럼 귀를 쫑긋 세운다.

"첫째는 '재미'입니다."

순간 참석자들이 고개를 끄덕이며 수군거린다. 좌중을 둘러본 후 이번엔 내가 묻는다.

"둘째는 뭘까요?"

"감동이요."

"소통이요."

"두 번째 요소는 말이죠. 그건 바로 '재미'입니다."

객석은 순간 웃음바다가 된다. 잠시 후 내가 다시 묻는다.

"그렇다면 세 번째는 뭘까요? 이건 금방 맞추겠는걸요."

"재미요!"

이구동성으로 외치며 깔깔거리며 웃는다.

"맞습니다. 첫째도 재미, 둘째도 재미, 셋째도 재미입니다. 그런데 오늘 정말 중요한 사실을 공개할게요. 이 세 가지 요소 말고 진짜 중요한 네 번째 요소가 있어요."

"그게 뭐죠?"

모두 눈을 깜빡거리며 나를 쳐다본다. 답을 맞추려고 저마다 입을 오물거린다. 내게서 아무런 반응이 없자, 모두 포기한 듯 내 얼굴을 바라본다. 더 나올 만한 요소가 없기 때문이다.

"여러분, 오늘 이거 처음 공개합니다."

참석자들은 침을 꼴깍 삼키며 집중한다.

"그건 바로 재밉니다."

순간 모든 사람이 배꼽을 잡으며 웃는다. 동시에 고개를 끄덕인다.

"맞아, 맞아. 하긴."

아이들 대상 강연에서 만일 재미가 없다면 어떻게 될까? 한마디로 끔찍한 일이 벌어지고 만다. 아이들은 특히 강연이 재미가 없으면 즉각 반응하는 게 있다. 바로 생리현상이다. 시작한 지 얼마 되지 않았는데도 화장실을 가고 싶어 한다. 생리현상은 코로나19 바이러스처럼 전염력도 상당하다. 한 아이가 화장실 가겠다고 일어서면 둘레의 다른 아이들도 뒤따라 나간다. 참 신기한 현상이다. 이윽고 여기저기 듬성듬성 아이들이 빠지고 나면 분위기가 싸늘하게 가라앉는다. 이건 비극의 서막이다. 일단 김이 빠지면 강연자가 흔들린다. 다리에 힘이 쭉 빠지고 목소리에도 자신감이 떨어지기 마련이다. 그건 대상이 저학년이든 고학년이든 마찬가지다. 객석에 앉은 청중이 흥미를 잃고 딴청을 부리거나 잡담을 나누는데 어떻게 연단의 강연자가 신이 나겠는가. 상상만 해도 끔찍하다.

아이들 입장에서 한번 생각해 보자. 어린아이들이 강연장에 우르르 몰려 들어간다. 아이들이 강연장에서 만나는 사람은 어른이다. 그것도 아주 낯선 성인이다. 작가의 작품을 미리 읽었거나 정보를 들어서 강연자에 대해 어느 정도 알고 있다고 해도, 역시 부담스러운 어른이다. 강연장에 가 보면 아이들의 표정이 대부분 딱딱하게 굳어 있다. 아이들의 얼굴이 경직되어 있다는 건 긴장했다는 뜻이다. 강연을 시작도 하기 전에 이미 강연자와 청중 사이에 유리벽 하나가 가로막혀 있는 셈이다. 강연 시작부터 거대한 장애물을 마주하고 있다는 말이다.

그렇다면 평소 남을 잘 웃기는 사람이 강연자로 나선다면 어떨까? 수도권의 한 캠프에 강연자로 초대받은 적이 있었다. 강연자는 나를 포함해서 두 명이었다. 내 앞의 강연자는 이름만 대면 알 만한 유명 개그맨이었다. 아이들은 60명 정도로 캠프 행사장을 가득 메웠다.

"너희들 나 알지?"

개그맨이 웃음기 어린 표정을 지으며 자신만만하게 아이들을 향해 물었다.

"……"

"요런, 깜짝하고 귀여운데. 너희들 내 유행어 한번 들어 볼래?"

"네, 한번 해 봐요!"

유행어라는 말에 아이들이 귀를 기울였다.

개그맨은 몸을 비틀고 코맹맹이 소리를 해 가며 자신의 유행어를 선보였다. 나는 그 유행어를 텔레비전에서 들어 본 적이 있었다. 하지만 아이들은 달랐다.

"……"

아이들의 반응이 없자, 개그맨은 순간 당황하기 시작했다. 방송에서 산전수전 다 겪었을 개그맨은 쉬 포기하지 않았다. 다시 또 다른 유행어를 들려주었다. 하지만 아이들의 반응은 싸늘했다. 개그맨이라면 어디서든 다 통할 거라는 예상은 보기 좋게 빗나가고 말았다.

개그맨은 정해진 대본에 따라 말과 몸짓으로 관객의 웃음을 이끌어 내는 사람이다. 만일 그 개그맨이 성인을 대상으로 강연에 나섰다면 상황은 달랐을 거다. 분명히 사람들은 배꼽을 잡고 깔깔 웃었을 것이다. 문제는 그 대상이 초등학생이었다는 점이다. 어린이의 웃음 코드 탄착군은 어른과 다르다. 반대의 경우를 보자. 만일 TV의 어린이 프로그램에 나오는 사람이 애교스러운 몸짓을 하며 어른을 상대로 강연한다면 어떻게 될까? 결과도 마찬가지일 거다. 유치하고 재미없다며 고개를 돌릴 게 분명하다. 중요한 건 눈높이다.

이렇듯 성공하는 강연의 관건은 청중의 눈높이를 맞추는 데 있다. 그러려면 무대에 올라가자마자 아이들의 시선을 확 끌어들일 만한 게 필요했다. 아이들과 강연자 사이에 가로막힌, 보이지 않는 유리벽부터 허물어야 하기 때문이다. 나도 강연 초기에는 무엇인가 절실했지만, 딱히 떠오르는 게 없었다. 그 무렵 예상치 못한 일이 벌어졌다.

강원도의 한 여름방학 캠프에 갔을 때의 일이다. 무대에 올라

인사를 하는 순간 한 아이가 소리쳤다.

"와, 포비 목소리다!"

포비? 나는 포비가 누구인지 몰랐다.

"맞아. 포비 목소리야."

"작가님, 인사말 다시 한번 해 보세요."

"하하, 녀석들. 알았다. 얘들아, 안녕!"

아이들이 자지러지게 웃으며 환호를 보냈다. 포비가 그 유명한 애니메이션 〈뽀로로〉에 등장하는 북극곰 캐릭터의 이름이라는 건 나중에 알았다. 그날 아이들의 반응을 보고 유튜브를 통해 여러 번 들어 보았다. 아주 조금 비슷한 것 같지만 포비 목소리라고 할 만큼 유사하지는 않았다.

그 이후 학교 행사에서 다시 실험을 해 보았다. 이른바 '강연 시작 전 몸풀기 문제'였다. 내가 먼저 인사말을 하고서는 누가 떠오르는지 맞춰 보라고 했다. 유명 애니메이션에 나오는 캐릭터의 목소리라며 약간의 힌트를 주었다. 순간 여기저기서 이구동성으로 외쳤다.

"포비요!"

오, 고맙게도 포비 목소리는 나의 강연 시작을 재미있게 만들어 주었다. 아이들은 북극곰 포비를 떠올리면서 강연 시작을 맞이하게 되었다. 아주 단순한 과정이지만, 짧은 시간 안에 서로의 벽을 허물 수 있는 좋은 재료의 탄생이었다.

몇 년 전 종로 아이들극장에서 생태동화 『날아라, 삑삑아!』 국악 공연을 할 때의 일이다. 무대에 올라 이야기꾼으로 등장하여 스토리텔링을 하고 있는데 도통 흥이 오르지 않았다. 학교 연못에 들어가 야생 오리 둥지를 찾아보는 대목이었다. 주인공이 장화를 신고 연못에 들어가는데, 물이 깊어 다시 나왔다. 마침 학교에 고무보트가 있다고 해서 반겼지만, 보트는 바람이 빠져 있었다. 그 대목에서 갑자기 아이디어가 떠올랐다. 라이브 공연인데 즉석에서 아이들을 끌어내기로 했다.

"누가 무대에 나와서 고무보트 연기해 볼 사람?"

아이들 몇이서 무대로 나왔다. 옆에 있던 학부모들이 웅성거리며 아이들 등을 떠밀었다. 순간적으로 20여 명의 아이가 무대로 쏟아져 나왔다.

"너희들은 바람 빠진 고무보트를 연기해야 해. 그런데 이렇게 멀쩡히 서 있다니. 보트에 바람이 빠졌다니까!"

그 말이 떨어지기 무섭게 아이들이 바닥에 쓰러지는 연기를 했다. 바람이 빠져 축 늘어진 고무보트가 되어야 했으니까. 내가 펌프질을 하는 시늉을 하며 입으로 바람 넣는 소리를 냈다.

"쉭 쉭 쉭!"

펌프질하는 소리에 맞춰 아이들이 서서히 부풀어 오른다. 아이들은 재미있고 웃기는 표정과 몸짓을 하면서 부풀어 올랐다. 여러 명이 있으면 자연스럽게 경쟁심이 유발되기 때문에 아이들은 더 재미있는 표정과 몸짓을 하려고 애를 썼다. 객석의 아이들과 학부모들도 배꼽을 쥐고 웃기 시작했다.

그 다음 공연에서는 고무보트가 부풀어 오르는 미션에 새로운 아이디어를 추가했다.

"좀비 표정을 지으면서 부풀어 보도록!"

눈동자를 뒤집는 아이, 귀신처럼 머리카락을 늘어뜨리는 아이, 바닥에 누워 버둥대는 아이, 뱀처럼 혓바닥을 날름거리는 아이 등 아이들이 혼신의 힘을 다해 연기를 펼쳤다. 그 광경을 지켜보던 아이들이 자지러지게 웃었다. 공연장 분위기는 순식간에 달아올랐다.

나는 강연이 시작되면 곧바로 질문을 던진다. 질문은 누군가 손을 들고 답할 수 있을 만큼 쉽고 간명해야 한다. 인원수가 많지 않으면 손을 들어 자신의 생각을 밝히도록 한다. 간단한 코멘트도 달아 준다. 무선마이크를 들고 다니면서 빠르게 진행한다. 강연의 1차 목표는 모든 아이가 입을 열도록 하는 것이다. 강연자와 아이들이 짧은 순간이지만 적어도 한 번씩은 소통하자는 취지이다. 인원수가 많으면 단체 질문을 한다. 일테면 보기를 두 개 주고 하나씩 골라 손을 들도록 하는 식이다(이건 빠르고 원활한 진행을 위해서다).

"몇 년 동안 무엇인가를 관찰하면 너희들도 멋진 이야기를 쓸 수 있을까?"

보기는 두 가지다. '할 수 있다'와 '할 수 없다'. 이런 질문은 학년 구분 없이 강연 도입부에서 던진다. 손을 들면 포인트로 보상을 해 준다. 포인트는 점수를 주기도 하고, 동그라미를 주기도 한다(동그라미를 주면서 조그맣게 그리도록 하는 방법이 가장 괜찮다. 속도도 빠르게 따로 계산할 게 없어서 좋다). 먼저 '쓸 수 없다'고 대답한 아이들에게 동그라미 둘, '쓸 수 있다'고 대답한 아이들에게 동그라미 셋을 준다. 동그라미 하나 차이지만, 아이들은 작은 차이에도 열광한다. 보이지 않는 경쟁의 시작이고 재미를 느끼는 것이다.

'포인트 보상'은 어찌 보면 내 강연의 핵심 장치다. 단순히 동그라미를 주고받는 것으로 끝나는 게 아니다. 포인트는 은근히 경쟁을 유발하면서도 지나치게 경쟁을 의식하지 않는, 아주 가벼운 진행 장치다. 그러면서도 장점이 있다. 동그라미를 그리면서 강연에 집중하게 되고 더 몰입하게 된다. 한마디로 아이들이 강연 중 딴 데로 한눈팔 새가 없는 것이다. 그 어떠한 다른 잡생각을 할 여유도 없고, 강연자가 이야기하는 동안 친구들과 잡담할 틈이 없다. 오로지 강연 시간 내내 집중할 수밖에 없게 된다.

더 좋은 건 포인트를 줄 때마다 아이들이 즐거워한다는 점이다. 동그라미를 그리면서 보상의 기쁨과 행복을 누린다는 뜻이다.

이 포인트 보상은 저학년이든 고학년이든 다 통한다(교사 연수는 물론, 심지어 교감·교장 연수 때도 이 장치가 통한다는 놀라운 사실!). 더 놀라운 건 비대면 줌 강연 때도 포인트가 아주 요긴하게 쓰인다는 점이다. 포인트 보상 방식은 비대면에서 더 효과적이다. 동그라미 셋, 동그라미 다섯, 할 때마다 그 작은 컴퓨터 화면을 통해 열광하는 장면이 연출되곤 한다.

사실 재미 요소를 찾아내는 데 꽤 오랜 시간이 걸렸다. 특히 주제 도서의 내용을 가지고 재미있고 흥미 있는 스토리텔링으로 만드는 데는 많은 시간이 걸렸다. 처음에는 단순히 작품에 나오는 에피소드를 잘라 여러 개의 조각을 사진으로 보여 주면서 이야기했다. 그러던 것이 발전하여 하나의 완전한 스토리로 재구성했다. 대표적인 것이 생태동화 『날아라, 삑삑아!』다. 이 작품은 학교에서 입양한 야생 흰뺨검둥오리 '삑삑이'와 240일 동안 아파트 6층에서 살았던 실화를 바탕으로 썼다. 우연히 학교 연못에서 뛰어노는 새끼 오리들을 보다가, 난데 없이 고양이가 풀숲에서 뛰쳐나와 새끼 오리를 잡아가는 장면이 영상으로 촬영되었다. 그 이후 연못 오리 둥지에 가보니 깨어나지 못한 알 세 개가 또 있었다. 어미는 더 이상 그 알들을 품어 주지 않았다. 결국 그 알들을 가지고 나와서 학교 과학실 인공부화기에 넣게 된다. 일주일 만에 학교에서 연락이 왔다. 그중 한 마리가 알에서 깨어났다는 것이다.

알에서 깨어난 야생 흰뺨검둥오리 새끼는 나를 보고 반가워하며 내 손등을 쪼아댔다. 학교 선생님이 상자에 담아 연못가에 두었을 때 어미는 꽥꽥거리며 민감하게 반응했다. 요란한 소리를 들은 새끼 오리는 그게 어미인 줄 알고 본능적으로 상자에서 나와 연못으로 뛰어들었다. 그 순간 어미가 달려와서 부리로 삑삑이를 마구 쪼아댔다. 자기 새끼라고 여기지 않은 것이다. 결국 교장선생님의 부탁으로 그 새끼 오리를 내가 입양했고, 이름을 '삑삑이'라고 지었다.

삑삑이는 50일 만에 날개가 다 자라 비행을 시작했다. 비행을 시작하면서 산 너머 저수지에서 무려 열한 번이나 날려 주었지만, 그 이튿날이면 영락없이 우리 아파트로 돌아왔다. 삑삑이는 학교 교장선생님의 초대를 받아 전교생이 모인 가운데 시범 비행도 했고, 매일 동네 아이들을 끌고 다니면서 기차놀이도 했다. 물론 위기도 있었다. 비행하는 순간 매가 날아와 습격을 당하기도 했다. 그렇게 우여곡절을 겪으며 240일을 함께 살다가, 홀연히 떠나가 버렸다.

삑삑이에 관한 스토리텔링은 20분짜리, 40분짜리, 1시간짜리 등 여러 개의 버전을 만들었다. 저학년이든 고학년이든, 심지어 성인 생태해설사 교육에서도 쓰인다. 물론 사진이 아니라 영상 에피소드를 보여 주며 이야기를 풀어 간다. 영상을 보여 주고 이야기를 하면서 계속해서 질문을 던지고 대답을 유도한다. 아이들은 쉴 새 없이 손을 들고 포인트를 받으며 즐거워한다. 삑삑이 스토리는 처음부터 끝까지 재미 요소를 담았다. 하지만 그렇다고 단순히 재미만 있는 건 아니다. 성장 과정에서의 기대감, 버림받았을 때의 아픔, 위기, 공존, 이별의 슬픔 등이 스며들어 있다. 강연 끝에 꼭 메시지를 정리해 준다. 세상에는 한두 번 만에 딱딱 잘되는 일이 없다고. 만일 한두 번 만에 일이 안 된다고 슬퍼하거나 포기하면 안 된다고. 그런 메시지를 반드시 전해 준다.

　실전 강연에서 제한된 시간 안에 아이들을 집중시키는 건 여간 어려운 일이 아니다. 저학년과 고학년 아이들은 중학년보다 더 어렵다. 재미 요소는 아이들의 집중력을 높여 강연장의 분위기를 살려 준다. 대체로 재미는 예상하지 못한 상태에서 갑자기 드러났을 때 더 크게 느끼는 듯하다. 강연 도입부의 북극곰 포비 목소리가 바로 그렇다. 강연 시작할 때 간단한 퀴즈나 놀이(또는 간단한 마술도 추천하고 싶다)라도 선보이면 아이들은 순간적으로 집중할 것이다. 재미의 맛을 보면 아이들은 강연자에게 또 다른 것을 기대하게 되어 집중도가 높아진다. 강연의 그 어떤 요소보다 재미를 강조하는 건 바로 그 때문이다.

하지만 여기서 꼭 짚고 넘어갈 게 있다. 재미가 중요하다고 해서 오로지 재미만을 추구하는 건 경계해야 한다. 만일 오로지 재미만 추구한다면 자칫 레크리에이션이 될 수 있기 때문이다. 강연은 재미있되, 반드시 메시지가 있어야 한다.

위기를 기회로!
순발력이라는 무기

강연장에서는 종종 돌발상황이 벌어진다. 아이들은 엉뚱한 질문을 곧잘 던진다. 어느 때는 철학자나 고승이 아니고서는 대답할 수 없을 만큼 놀라운 질문을 던지기도 한다.

"오리 고추는 얼마나 커요?"

저학년 아이들은 이따금 낯뜨거운 질문을 하기고 한다. 뒤에 있던 교사들도 난감하고 당황스럽게 만들기도 한다. 그런 모습을 보면 아이들은 정말 럭비공 같다. 어느 쪽으로 튈지 전혀 예측할 수 없으니 말이다. 학교 강연에서 '순발력'을 으뜸으로 삼는 까닭이 바로 거기에 있다. 꼭 돌발 질문이 아니라도 강연장에서는 빠르게 생각하여 대답하고 대처하는 게 필요하다.

오래전 충북의 어느 작은 초등학교에서 작가와의 만남을 할 때의 일이다. 전교생 30여 명이 '두 칸 교실'(체육관이나 시청각실 같은 시설이 따로 없어서, 교실 두 칸을 터서 만든, 일종의 다목적실이다. 명칭이 따로 없어 '두 칸 교실'이라고 이름 붙였다) 바닥에 깔판을 깔고 앉았고, 뒤쪽에는 교장선생님과 담임교사들이 자리를 잡고 있었다. 독서 담당 교사의 소개(작가 소개는 최대한 간단하게 해 달라고 부탁한다. 아이들이 잘 알지도 못하는 작가의 이력이나 수상 경력 등을 장황하게 말하는 순간 아이들의 집중력이 흐트러지기 때문이다. 작가 소개는 주로 내가 직접 한다. 딱 한 줄 정도 아주 간단하게)가 끝나고 아이들 앞에 서는 순간이었다.

"와, 작가님 양말에 '빵꾸' 났다!"

맨 앞에 있던 1학년 아이가 소리쳤다. 뒤에 있던 선생님들이 모두 난감해하고 있었지만, 아이들은 그저 재미있다며 깔깔거리고 있었다. 발을 내려다보니 양말에 진짜 구멍이 나 있었다. 게다가 그 구멍으로 커다란 엄지발가락이 삐죽 머리를 내밀었다. 어떻게든 그 상황을 대처해야 했다.

"얘들아, 양말에 '빵꾸'가 난 건 다 까닭이 있단다."

양말에 구멍이 난 이유가 있다고 하자, 아이들이 조용해졌다. 아이들은 눈을 크게 뜨고 나를 바라보았다.

"내 발가락도 너희들을 얼마나 보고 싶었으면 이렇게 구멍을 뚫고 나왔겠니. 안 그래?"

"네, 맞아요! 하하하."

나는 엄지발가락이 나와 있는 오른발을 높이 치켜들었다.

"안녕이라고 인사해, 엄지발가락아."

내가 한술 더 떴다.

"엄지발가락아, 안녕!"

아이들이 우렁차게 인사를 하고며 깔깔거리며 웃기 시작했다. 그때서야 비로소 난감해하던 선생님들의 표정도 밝아졌다. 1학년 아이 덕분에 강연 분위기는 시작도 하기 전에 후끈 달아올랐다. 강연 시작 후 5분 안에 분위기를 만들어야 하는데, 구멍 난 양말 덕에 가볍게 해결된 것이다. 마치 첫 허들을 가뿐하게 넘은 기분이었다.

이따금 질의응답 시간을 따로 잡는 학교가 있다(나는 강연 중에도 진행에 큰 지장이 없는 한 질문을 받는 편이다. 사람마다 다르겠지만 일반적으로 강연자들은 중간 질문을 좋아하지 않는 것 같다. 흐름이 끊기기 때문일 테다. 나는 중간 질문에 대한 답변을 할 때 재미있게 살을 붙여 분위기를 띄우는 기회로 삼으려고 한다). 이때는 각오해야 한다. 아이들의 경우 누군가 한 사람이 질문을 시작하면 온갖 질문이 다 터져 나오기 때문이다.

"결혼했어요?"

"올해 몇 살이세요?"

학교에서 미리 준비한 질문지에도 흔히 나오는 질문이다. 이런 질문은 사전 질문지뿐만 아니라, 강연 뒤 질의응답 시간에도 불쑥 튀어나온다. 저학년이건 고학년이건 거의 비슷한 빈도로 등장하는 질문이다. 아이들에게 질문을 하라고 했으니 그냥 묵살할 수는 없다. 사전에 이런 질문들은 하지 말라고 제한하지 않았으니 존중해 준다. 질문은 질문인 거다(세계 어디를 가 봐도 우리나라처럼 질문이 빈곤한 나라도 없다. 예부터 우리는 질문을 안 하는 게 무대 강연자에 대한 예우인 것처럼 관행적으로 입을 닫은 채 살아왔다. 미국 대통령이 왔을 때 변변한 질문 하나 못 하던 우리 기자들을 떠올리면 정말 창피하다). 나는 어떤 질문이라도 받아 주고 친절하게 대답해 준다.

"결혼은 했단다. 딸도 둘이나 있고."

솔직하게 대답하면 꼬리에 꼬리를 무는 질문이 이어진다.

"딸은 몇 살이에요?"

"너희들보다 나이가 많아."

이따금 돌발상황이 또 벌어지기도 한다.

"애인도 있어요?"

이런 질문은 주로 2, 3학년 정도에서 나온다. 뒤에 있던 교사들이 또 난감해지고 또 당황스러워지는 질문이다. 어떤 선생님들은 일어서서 눈짓 손짓으로 야단치며 제지하기도 한다. 나는 절대 질문을 무시하지 않는다.

"애인 있느냐는 질문에 답해 줄게. 그 질문은 너희 아빠가 있잖아. 예컨대 너희 아빠가 엄마랑 살고 있는데, 딴 여자랑 사귄다는 말과 비슷한 거야. 알았지?"

그렇게 설명해 주면 아이들도 더 이상 할 말이 없다. 아이들도 알 건 어느 정도 알기 때문이다.

사실 강연 후 질문이 많이 쏟아져 나오면 일단 성공했다는 의미이다. 강연에 대한 만족도가 낮으면 대개 질문이 없다. 그저 빨리 자리를 뜨고 싶은 생각이 나기 마련일 거다. 그러니 질문 폭발을 행복하게 받아들일 수밖에 없는 일이다. 문제는 그 질문을 감당할 수 있는 여유와 시간이 없다는 데 있다. 어느 때는 강연 마치고 쉬는 시간 10분을 더 잡아서 답변을 할 때도 있다. 아이들이 질문을 쏟아냈으니, 강연자도 적극적으로 대응하겠다는 자세를 보여 주는 셈이다.

"오리너구리도 부리가 있잖아요."

새의 부리에 대해 이야기할 때 이따금 나오는 질문이다. 이런 질문자에게는 포인트를 더 주고 칭찬한다. 이렇게 날카로운 질문을 하는 아이에게는 선물을 주고 크게 칭찬해 주는데, 그러면 다른 아이들이 즉시 영향을 받고 더 괜찮은 질문거리를 찾기 시작한다.

"오리너구리는 부리가 아니라, 주둥이야. 새의 부리에는 이빨이 없지만, 오리너구리 주둥이에는 이빨도 있거든."

"동물 털과 새털은 다른가요?"

"새는 털이 아니라 깃털이라고 해. 개나 고양이 같은 동물의 털과는 완전히 달라. 깃털은 아주 강하고 탄력도 있어. 비행을 잘하기 위해 만들어진 거야."

수준 높은 질문이 쏟아질 때가 있다.

"새는 왜 날아다녀요?"

"새는 왜 알을 낳아요?"

생태학적으로 복잡하게 설명해야만 하는 질문도 나온다. 강연 말미여서 간단하게 대답해야 하지만, 긴 설명이 필요한 질문이다. 이런 질문들은 주로 저학년 아이들에게서 나온다. 시간이 부족해도 알기 쉽게 짤막하게라도 대답을 해 준다.

"어떤 준비를 주로 하세요?"

작가들이 내게 묻는 질문이다. 강연을 앞두고 무엇을, 어떻게 준비하느냐는 거다. 아마도 피피티는 어떻게 하고, 강연 구성은 어떻게 짜는지, 뭐 그런 게 관심 있는 듯싶다.

"컨디션을 좋게 만들어요. 특별히 하는 건 없어요."

"네? 컨디션이라고요?"

이런 대답을 하면 모두 의외라는 표정이다. 강연을 하면서 늘 느끼는 것이지만, 학교 강연에서는 정말 순발력이 절대적으로 중요하다. 나도 강연 초기에는 갑작스럽고 돌발적인 질문이 나왔을 때 당황하기도 했다. 어느 때는 아이들의 질문을 얼버무리기도 했다. 하지만 그럴 때 아이들의 표정을 보면 실망을 하거나 만족스럽지 못하다는 표정을 짓는다. 아이들도 어떤 대답이 괜찮은 것인지, 아닌지 판단할 줄 안다. 좋은 컨디션으로 강연장에 들어간다고 대답한 이유가 바로 그 때문이다. 언제든 돌발 질문이 나올 수 있기 때문에 나는 최상의 컨디션으로 강연장에 들어가고 싶다. 꼭 질문이 아니더라도 끊임없이 질문을 던지고 아이들의 대답을 계속 유도하는 강연 방식이기 때문에 뇌와 몸 상태가 아주 좋아야 한다. 만일 조금이라도 컨디션이 좋지 않으면 돌발상황에 재빠르게 대처하기 쉽지 않다. 예를 들어 전날 맥주 한 잔만 마셔도 이튿날 아침 혀 놀림이 다르다. 혀가 미세하게 둔해져 있음을 느낀다. 빠르게 말하고 제대로 이야기해야 하는 나로서는 상당히 불리한 셈이다.

그렇다면 순발력을 높일 방법은 없을까? 나 역시 오랫동안 강연하면서 순발력을 높일 수 있는 방법을 찾아왔다. 내가 처음부터 이런 대처 능력을 갖게 된 건 아니다. 연습하면 얼마든지 가능하다(독일 속담에 'Uebung macht den Meister.'란 속담이 있다.

'연습이 대가를 만든다'는 뜻이다). 기본적으로 정보나 지식이 많으면 좋겠지만, 그보다는 어떤 사안에 대해 신속하게 뇌를 작동하는 게 필요한 것 같다. 나는 자문자답自問自答, 즉 내가 질문을 던지고 신속하게 답을 하는 연습을 했다. 뭐, 간단하다. 생각나는 대로 내가 나에게 질문을 던진다(진짜 질문자가 내게 질문하는 것처럼 정식으로 소리내어 질문한다). 예를 들면 이렇다.

"제일 좋아하는 음식은 무엇이죠?"

"파스탑니다."

"그 이유는요?"

"맛있잖아요."

이유를 고무줄처럼 늘릴 수도 있다. 이런 식이다.

"약간 기름지고 매콤한 게 좋잖아요."

"운동은 자주 합니까?"

"자주 못 해요."

대답을 좀 늘려 본다.

"시간이 없어서 운동은 거의 못 해요. 어쩌다 산책은 좀 하지만, 매일 숨쉬기 운동밖에 못 하고 있네요."

이번에는 좀 다른 질문을 만들어 본다.

"어떤 과목을 싫어하죠?"

"수학요."

"왜죠?"

"초등학교 분수 시간에 선생님에게 질문했다가 핀잔을 받았어요. 그 이후 수학에 대한 취미를 잃었고, 중학교 수학 시간에 문제를 못 풀었다고 따귀를 맞았어요. 내 인생에서 수학은 그걸로 끝장난 거지요."

아이들이 자주 하는 질문이 있다. 대개 사전 질문지에도 나오는 질문이다.

"어렸을 때에도 꿈이 작가였나요?"

"너희처럼 어렸을 때의 꿈은 작가가 아니었어. 호떡집 주인이 되는 거였지."

실전에서 이런 대답을 하면 아이들이 깔깔거린다.

"예전에 친구네 집에서 호떡집을 하고 있었거든. 그런데 그 집에 무서운 고양이가 살았어. 나는 그 고양이가 무서워서 방에 못 들어갔지만, 호떡 냄새가 너무 좋았거든. 호떡집 하는 친구가 부러워서 언젠가는 호떡집을 차리겠다는 꿈을 꾸었지."

생태동화작가와 관련한 질문도 꼭 나온다.

"어떻게 해서 생태동화작가가 되었나요?"

"우연히 새를 만나면서 작가가 되었지."

"작가가 되려면 어떻게 해야 하나요?"

이 질문도 꼭 등장한다.

"작가가 되려면 책을 많이 읽어야 하겠지? 그런데 책을 많이 읽었다고 모두 작가가 될 수 있는 것도 아니야. 작가는 누구도 생각하지 못한 걸 상상해 내고 이야기로 꾸미는 사람이잖아. 나는 독서보다 새롭게 상상하는 게 더 중요하다고 생각해."

"그럼 어렸을 때 책을 많이 읽었나요?"

"솔직히 말해 볼까? 나는 만화책을 많이 봤어. 매일 만화가게에 갈 정도였으니까. 매일 가니까 주인은 새로 나온 만화책 정보도 알려 주고 가끔 깎아 주기도 했어. 학년이 올라가면서 글밥이 많은 책을 보기 시작한 거고."

중고학년 아이들은 작가의 대답에 더욱 귀를 기울여서 듣는 것 같다. 아이들은 작가의 진심 어린 대답을 기대하는 게 아닌가 싶다.

혼자 해 보는 질의응답은 효과가 꽤 좋다. 물론 단순히 연습만으로 그쳐서도 안 된다. 기회가 있으면 반드시 실전에서 해 본다. 그게 어떤 자리여도 상관없다. 가족끼리 모인 자리도 좋다. 가족들 앞에서 간단하게 자신의 생각을 말해 볼 수 있다. 친구들끼리 모인 자리라면 더 좋은 기회다. 사람이 많이 모이는 자리라면 반드시 기회를 만든다. 실전은 열 번의 연습보다 좋기 때문이다. 나는 공식적인 자리 또는 무대가 있으면 공식적으로 말하려고 애쓴다. 실전에서 해 보는 거다. 공식 행사에서 누군가 질문을 하라고 하면 반드시 한다. 질문은 짧게 하지 않는다. 내가 하고 싶은 말을 하면서 질문을 던진다. 실전의 그런 경험은 엄청난 내공을 만들어 줄 수 있기 때문이다.

나는 개그 프로그램이나 시트콤을 즐겨 본다. 오락 프로그램은 드라마나 영화와 다른 특성이 있다. 바로 속사포다. 각 캐릭터들은 빠른 템포로 속사포처럼 말을 퍼붓는다. 스피디하게 말하는 것뿐 아니라, 이런 오락 프로그램에서 배울 게 있다. 그건 바로 반전이다. 계속해서 웃음 코드가 작동한다. 예를 들면 이런 식이다. 아주 부유한 여성이 대화를 나누는데, 전화가 걸려온다.

"누구시죠? 네, 그런데요."

대화를 나누던 사람들이 혹시 무슨 일이라도 벌어진 줄 알고 귀를 쫑긋 세운다.

"뭐라고요? 내가 당신이 원하는 대로 무조건 다 해 주는 사람인 줄 알아요?"

여성이 목소리를 높이고 화를 낸다. 곁에 있던 사람들은 그녀에게 심각한 일이라도 벌어진 줄 알고 걱정해 준다.

"대체 무슨 일인가요?"

"차 빼 달라고 하네요."

국내보다 외국의 코미디나 토크쇼를 보면 더 큰 도움이 된다. 이미 고인이 된 재미교포 코미디언 쟈니윤은 정말 수준 높고 재치 있는 토크쇼의 진면목을 보여 주었다. 그가 미국에서 주가를 날렸던 1980년대 토크쇼를 보면 그의 코미디 재능에 혀를 내두를 수밖에 없다. 우리나라에서 코미디가 인기를 끌었던 시대는 70년대와 80년대다. 그때는 이른바 슬랩스틱 코미디Slapstick Comedy라고 해서 연기와 동작이 아주 과장되고 소란스러웠다. 배삼룡, 구봉서, 서영춘 같은 코미디언이 넘어지고 엎어지고 하면서 몸으로 웃기던 시절의 코미디다. 우리의 코미디와 달리, 미국식은 아주 점잖다. 쟈니윤은 똑바로 서서 토크만으로 관객을 들었다 놨다 하면서 배꼽이 빠지게 한다. 툭툭 몇 마디 던지면 모두 자지러지게 웃는다.

그의 코미디 토크쇼를 보면 관객은 어느 지점에서 웃고 즐거워하는지 느낌이 온다. 언어가 다르지만, 기본적으로 웃음 포인트는 세계 공통인 듯싶다. 요즘 예능 프로그램이 대세이고, 그간 개그 프로그램에서 날렸던 개그맨들이 예능 프로그램 곳곳에 포진해 있다. 그들은 타고난 애드리브 선수들이다. 예능 프로그램에도 기본 대본이 있겠지만, 애드리브야말로 시청자들을 웃기는 무기가 아닐 수 없다. 개그맨들은 빠른 템포로 말하면서 상대를 흔들어대고 중간중간 기습하면서 웃음을 날린다.

우리 강연자들은 제한된 시간 안에 작가와의 만남 강연을 한다. 속도감 있게 말하는 것은 그렇지 않은 템포로 말하는 것보다 효과가 더 좋다고 본다(꼭 단정 짓지는 못한다. 느릿느릿 말하면서 관객을 웃기고 열광시키는 작가도 있다). 일단 말의 스피드가 빠르면 집중도가 더 높아지는 것 같다. 그렇다고 무조건 빠르게 전개했다고 능사가 아니다. 아이들을 즐겁고 재미있게 만들어 주는 포인트를 제대로 짚어 줘야 한다.

여러 차례 강조했지만, 아이들은 재미를 느끼지 못하면 딴청을 부린다. 초기 10분 내지 15분 이내에 승부를 내야 한다. 적어도 저 강연자가 재미있게 이야기하는 사람이라는 걸 느끼도록 해야 한다. 그래서 강연 도입부가 중요하다고 말하는 거다. 작가와의 만남에서는 강연은 물론, 체험활동이나 미션 등도 재미있게 진행할 수 있어야 한다. 아이들이 흥미를 느껴야 한다. 다 완성하고 심사를 해서 뽑는 과정도 재미있어야 한다. 그 모든 과정에서 강연자의 순발력이 발휘되어야 한다. 끊임없이 보고 배우고 연습해야 하는 까닭이 바로 거기에 있다. 나도 경지에 오르려면 아직도 갈 길이 멀다.

강연자를 위한 강연 FAQ | 04

돌발상황도 득이 된다? ~~~~~~~~~~~~~

학교 강연 중 여러 가지 돌발상황이 발생합니다. 강연을 할 때 아이들을 집중시키는 일은 정말 중요합니다. 아이들이 귀를 쫑긋 세워야 이야기가 잘 전달될 수 있으니까요. 강연자가 이야기하는데, 누군가 볼펜을 딸깍거리거나 책상에 연필 하나만 톡톡 쳐도 여간 신경 쓰이는 게 아닙니다. 그런 일들은 대개 멈추라고 신호만 보내도 간단히 해결할 수 있습니다. 그런데 잡담을 하거나 장난을 치는 행동이 계속되면 그 영향이 다른 아이들에게도 미친다는 데 심각성이 있습니다. 그런 아이들은 대개 자신을 드러내어 관심을 받고 싶은 경우가 대부분입니다. 나는 질문을 던지고 모든 아이로부터 대답이나 자신의 의견을 이끌어 내는데, 그때 그 짓궂은 악동(!)들을 해결합니다. 만일 장난을 치는 아이라면 무대 앞으로 불러서 '이 학교에서 가장 얌전한 아이' 같다며 칭찬하는 식이지요. 그 순간 아이들에게서 야유가 쏟아집니다.

"우우! 말도 안 돼요."

"걔는 우리 학교에서 제일 시끄러운 아이예요."

나는 아이들의 주장을 부정하면서 불을 붙입니다.

"그렇지 않아. 이거 봐. 이렇게 얌전하게 서 있잖아. 나는 이렇게 조용한 아이는 처음 보았어."

　내가 편을 들면 친구들로부터 더 큰 야유가 터져 나옵니다. 친구들은 답답한 거죠. 작가님이 뭘 모르고 저 말썽꾸러기를 칭찬하고 편드니 말이죠. 이럴 때 그 아이는 어쩔 줄 몰라하기 마련입니다. 자신의 정체(!)가 탄로 나는데, 강연자는 끝까지 자기 편을 들어 주고 있으니까요. 아이의 입장에서는 작가, 즉 강연자가 고마운 사람으로 바뀌어 갑니다. 자신을 철썩같이 믿고 있으니까요. 시간이 지나면서 무대에 나왔던 아이가 서서히 변하는 걸 확인하게 됩니다. 아이는 그때부터 강연자가 믿어 준 만큼 얌전하고 멋진 아이의 모습을 보여 주고 싶은 걸 테죠.

　최악의 돌발상황은 강원도 양구의 한전초등학교에 갔을 때 벌어졌습니다. 체육관에서 강연하는데, 갑자기 말벌이 들어왔던 것입니다. 말벌이 왱왱거리면서 날아다니니까 아이들이 동요하기 시작했지요. 벌에 대해 유난히 민감한 아이들은 비명을 지르기도 했습니다. 기왕 말벌이 들어왔으니 즉석에서 공부 재료로 삼았습니다. 벌이 날아올 때의 행동요령을 실천해 보는 것이지요. 이른바 '얼음, 땡' 놀이입니다. "얼음" 하고 외치는 순간, 팔을 흔들거나 움직이지 않도록 합니다.

"얼음!"

순간 아이들은 얼어붙은 듯 얼음 상태가 됩니다. 아무도 움직이지 않으니 벌은 더 흥분할 이유가 없어집니다. 내가 시간을 벌어 놓은 사이 교사가 잠자리채를 들고 와서 말벌을 포획했습니다.

돌발상황은 얼마든지 벌어집니다. 나는 그 어떤 훼방꾼도 야단을 치지 않고, 오히려 칭찬을 동원하여 강연자와의 신뢰를 쌓곤 합니다. 또한 환경적으로 벌어지는 돌발상황도 기지를 발휘하여 함께 극복하려고 노력합니다.

강연자의 참 보람,
감동

　작가와의 만남을 하면서 다양한 경험을 한다. 때로는 웃기도 하고, 때로는 너무나 가슴이 아파서 눈시울을 적실 때도 있다. 그런 경험들은 강연자를 움직이게 하는 동력원이자 더욱 분발케 하는 자극이 되기도 한다. 나는 내가 겪은 독특한 일들을 잊지 않으려고 애쓴다. 얼마간의 세월이 흐른 뒤 기억에 남는 학교를 지날 때면 슬쩍 들러 보기도 한다. 그러다 훌쩍 자란 아이들이 나를 알아보고 달려올 때면 남다른 성취감과 보람을 느끼곤 한다.

　그 가운데 가장 기억에 남는 일은 '교실 감금 사건'이었다. 경기도 파주의 한 작은 초등학교에서 벌어진 일이다. 3학년 아이들을 대상으로 한 교실 강연을 마치고 뒷정리를 하고 있었다. 교감선생님이 교무실에서 커피 한잔 하자시며 먼저 내려가셨다.

"얘들아, 우리 작가님을 보내지 말자!"

한 아이의 말 한마디가 발단이었다.

"좋아, 좋아."

다른 아이들이 우르르 몰려들었다.

아이들이 책상과 의자를 밀어 교실 앞뒤 문을 막았다. 아이들이 바리케이드를 친 것이다. 교실 문이 완전히 막혀 버렸다. 교실은 순식간에 봉쇄가 되었다.

"이러면 안 되는데……."

내가 웃으면서 난감한 표정을 짓자, 아이들은 더욱 신이 났다. 아이들이 나를 에워싸고는 꼼짝하지 못하게 양팔을 붙잡았다. 나머지 아이들은 내 손가락을 한두 개씩 움켜쥐었다. 나는 꼼짝없이 소인국에서 잡힌 걸리버 신세가 되었다. 내가 장난스럽게 몸부림치자 아이들은 더욱 기고만장해졌다.

"거, 이상하네. 내려올 때가 한참 지났는데……."

교무실에 먼저 내려간 교감선생님이 고개를 갸웃거리며 2층 교실로 다시 올라오셨다. 교실 문이 열리지 않았다. 교감선생님이 까치발로 서서 교실 안을 들여다보고는 문을 두드렸다. 그때서야 아이들이 바리케이드를 걷기 시작했다.

"이 녀석들, 작가님께 뭐 하는 짓이야."

교감선생님은 아이들에게 야단을 쳤지만, 그게 장난인 줄은 이미 눈치채고 있었다. 아이들이 깔깔거리며 나를 풀어 주었다. 그건 정말이지 행복한 감금이었다. 아이들의 그런 봉쇄라면 매일 겪어도 행복할 것 같았다. 아이들은 배꼽이 빠져라 웃었고, 나와 교감선생님도 웃음을 참지 못했다. 교무실에서 교감선생님과 커피를 마시고 있을 때 아이들은 문밖에서 기다렸다. 내가 가방을 들고나오자, 아이들이 뒤따라왔다. 아이들은 교문까지 나를 배웅해 주었다.

그로부터 3년이 지난 어느 봄날, 경기도 김포의 한 초등학교에서 작가와의 만남 행사를 마치고 나오려는데, 담당 교사가 교장실에 잠시 들렀다 가라고 했다. 나는 강연을 마치고 의례적으로 하는 인사라고 생각하며 교장실로 향했다. 교장실 문을 열고 들어서는 순간이었다.

"작가님, 저 기억하세요?"

낯이 익은 것 같은데 누구인지 단박에 알아보지 못했다.

"잊으셨어요? 파주 감금 사건."

"오! 그때 교감선생님이시군요."

"네, 맞아요."

교감선생님은 그사이 교장으로 승진을 해서 김포로 발령이 났고, 나를 깜짝 놀라게 하려고 누구에게도 귀띔해 주지 않았다.

그해 가을, 포천의 한 초등학교 작가와의 만남을 하러 갔을 때의 일이다. 교장선생님이 나를 꼭 봐야 한다고 해서 교장실에 들어갔다. 교장선생님은 나를 반갑게 맞이하면서 시종 웃음을 잃지 않았다.

"혹시 김포의 A초등학교 기억하세요?"

"아, 그럼요. 잘 압니다만."

"그곳 교장이 제 아내입니다."

두 분은 부부 교장이었다. 포천의 교장선생님이 작가와의 만남에 누구를 섭외해야 할지 모르겠다고 하자, 김포 교장선생님이 나를 추천한 것이었다.

충북 제천의 한 초등학교에 갔을 때의 일이다. 교실에서 4학년 작가와의 만남을 하고, 그림그리기 미션을 진행했다. 그날도 미션을 수행하는 동안 칠판 앞에서 소지품 사인회를 했다. 나는 한 사람씩 정성스레 그림을 그려 주고 사인을 해 주었다. 마지막 순서가 되자 한 남자아이가 내 앞에 서더니 입을 열었다.

"저는 다리에 해 주세요."

이따금 옷에다 그림을 그려 달라는 아이가 있어서, 나는 바지에다 사인해 달라는 줄 알았다.

"다리를 의자에 올리렴."

나는 청바지에 사인을 하려고 네임펜을 들었다.

"바지가 아니고요."

아이는 바지를 걷어올렸다. 바지가 무릎으로 올라가는 순간 나는 깜짝 놀라고 말았다. 그건 한눈에 봐도 평범한 다리가 아니었다. 의족義足이었다. 아이가 무안해할까 봐 아무렇지도 않은 척하며 조심스레 물었다.

"혹시 다리가 왜 이렇게 되었는지 물어도 되겠니?"

"네, 그럼요."

앞쪽에 있는 한 아이를 손가락으로 가리켰다.

"쟤가 제 동생이에요."

둘은 쌍둥이였고 의족 아이가 형이었다. 쌍둥이 형제가 엄마의 뱃속에서 태아로 있을 때 형의 다리가 아우의 탯줄에 감겨 버린 것이다. 형은 태어나자마자 다리를 잘라야만 했다.

"하나 더 물어 봐도 되겠니?"

"네, 얼마든지요."

"의족하고 있는 게 혹시 창피하지는 않니?"

"아뇨. 이게 왜 창피해요. 제가 잘못한 것도 아니잖아요."

아이는 아주 당당했다. 나는 아이에게 되레 한 방 얻어맞은 기분이었다.

강연을 마치고 아이를 데리고 교장실을 찾았다. 교장선생님은 내가 아이를 데리고 오자 어리둥절한 표정이었다.

"역대급으로 멋진 아이가 이 학교에 있어서 함께 왔습니다."

교장선생님은 내 칭찬의 의미를 알고 있었다. 교장선생님은 그 아이가 의족을 하고 있다는 것을 알고 있었다. 교장선생님이 감사의 인사를 했다.

"제천 반경 50킬로미터 이내를 지날 때면 반드시 이 아이를 다시 만나러 오겠습니다."

나는 그 약속을 지켰다. 몇 달 뒤 영월에 강연하러 가면서 아이에게 전화를 했더니, 아이가 엄마를 바꾸어 주었다. 엄마는 의족 아이와 쌍둥이 동생을 데리고 시내 카페로 나왔다. 중학교 현직 교사로 일하는 엄마도 고맙다고 인사를 했다. 학교에서 의족에 사인을 받은 뒤 두 아이가 도서관에서 내 동화책을 모두 빌려 와서 읽고 있다고 했다. 아이는 더 큰 자신감을 얻은 모양이었다.

지방의 아주 작은 학교에서 전교생을 대상으로 강연하는 날이었다. 전교생이 스무 명이 안 되어 도서실의 작은 공간에서 이야기를 했다. 뒤쪽에는 각 학년 담임교사와 교장선생님이 자리를 했다. 보통의 교장선생님은 대개 작가 소개를 하고 잠시 앉았다가 나간다. 그런데 그 학교는 달랐다. 교장선생님은 강연 내내 자리를 지키며 메모까지 하고 있었다.

나는 강연이 끝날 때까지 한 아이를 계속 지켜보았다. 모든 아이가 입을 열고 대답을 했는데, 6학년의 딱 한 아이만 굳게 입을 다물고 있었다. 아이는 일체의 표정 변화도 없었다. 웃지도 않고 자세도 흐트러지지 않았다. 영락없는 돌부처였다. 그때였다. 마지막 질문을 던지고 아이들의 답을 듣는데, 그 아이가 슬며시 손을 드는 게 아닌가.

"어른이 되었기 때문에 떠난 거 같아요."

야생 흰뺨검둥오리 삑삑이가 완전히 떠난 이유에 대한 답이었다. 아이는 정확히 내 질문의 핵심을 알고 있었다. 나는 그 아이를 불러 칭찬해 주고 박수까지 치도록 했다.

강연을 마치고 짐을 싸는데, 교장선생님이 밝은 표정으로 내게 다가와서 말했다.

"저 아이 3학년 때 이 학교로 부임해 왔는데, 오늘 입 여는 걸 처음 보았어요."

아이의 부모는 이혼을 했다고 한다. 엄마가 집을 떠나고 아빠도 돈 벌러 서울로 갔다는 것이다. 아이는 줄곧 할머니와 함께 살았지만, 학교에 와서는 단 한 마디도 하지 않았다고 했다. 그러던 아이가 강연 중 입을 열었으니, 교장선생님은 여간 기쁜 게 아니었다. 학교에는 이렇듯 소외된 아이가 있다는 사실을 잊어서는 안 된다는 걸 깨달았다. 강연자가 끊임없이 흔들어 주어야 이런 아이도 어둠 속에서 얼굴을 내민다는 걸 알았다.

대구의 한 초등학교에서 가족 대상 강연을 할 때였다. 두 칸 교실에 수십 명의 아이와 학부모가 모였다. 강연이 시작되면서 질문을 던지자, 아이들이 손을 들고 대답을 하기 시작했다. 그때 한 아이의 표정이 남달랐다. 얼른 그 아이에게 다가가서 무선마이크를 들이댔다. 아이는 떠듬거리며 간신히 대답했지만, 그건 동문서답이었다. 내 이야기의 맥락과는 전혀 다른 대답이었다.

"하하하하."

몇몇 아이가 어이없다는 듯 웃었다. 학부모들도 아이를 바라보며 혀를 찼다. 나는 어떻게든 그 아이를 띄워 주기로 했다.

"와, 정말 대단하군요. 지금까지 이렇게 놀라운 대답을 한 아이는 없었습니다. 전부 박수 한번 쳐 주세요. 박수!"

아이들과 학부모들이 얼떨결에 박수를 쳤다. 나는 그 아이가 우리들이 미처 생각지 못하는 대답을 했다며 색다른 의미를 부여했다. 물론 과장이었다. 그것으로 끝내지 않았다. 아이를 교단 앞으로 불러내서 그날 가져간 선물 가운데 가장 멋진 선물을 주었다. 모두 기립박수를 치도록 부탁했다. 아이의 표정이 환해졌다. 아이는 기분이 좋아 어찌할 줄 몰라 했다.

행사를 마치고 학교에서 마련한 간식을 함께하고 있는데, 엄마 한 분이 내게 왔다. 그날 가장 조명을 받은 아이의 엄마였다. 엄마는 눈물을 글썽이고 있었다. 그 아이는 자폐아였다. 평소 아이들에게 따돌림을 당하고 친구조차 없다고 했다. 그런 아이가 칭찬과 박수를 받으니 엄마의 마음이 얼마나 벅차올랐을까.

수도권 지역의 한 초등학교 강당에서 강연을 할 때였다. 아이들에게 질문을 던지고 무선마이크를 들고 다니며 대답을 듣고 있었다. 수십 명의 아이가 번쩍 손을 들고 서로 대답을 하겠다고 난리였다. 그때 한 아이가 조심스럽게 손을 들었다. 한눈에 봐도 소심한 아이처럼 보였다. 마이크를 갖다 댔다. 아이는 대답을 못하고 주저주저하고 있었다. 말을 하려다가도 이내 입이 굳어져 버렸다. 어렵사리 손까지 들었는데, 어떻게든 그 아이의 기분을 띄워 주고 싶었다.

"얘들아, 잠깐만. 이 아이가 귓속말 찬스를 걸었어."

"뭐라고요? 그런 게 다 있었나?"

아이들은 고개를 갸우뚱거리며 웅성거렸다. 강당에 앉은 100여 명의 시선이 그 아이에게 쏠렸다. 나는 내 귀를 아이의 입에 가까이 대고는 한 손으로 가렸다. 나는 연신 고개를 끄덕였다. 아이는 한 마디도 못 했지만, 마치 아이가 내게 귓속말로 대답하는 것처럼 연기를 한 것이다. 친구들은 무슨 말을 하는지 모두 귀를 쫑긋거렸다. 하지만 누구도 우리의 대화를 엿들을 수 없었다. 그 아이는 여전히 한 마디도 하지 못 했으니까.

"지금 이 아이가 새들의 습성에 대해 귓속말을 했는데, 이렇게 놀라운 대답을 하다니!"

나는 모든 아이를 일으켜 세우고 박수를 치도록 했다. 아이들은 그 아이가 정말 놀라운 대답을 한 거라고 여기며 우레와 같은 박수를 보냈다. 그 아이는 친구들의 박수를 받고는 표정이 밝아졌다.

강연이 끝날 무렵이었다. 그 아이가 다시 손을 들었고 얼른 달려가서 마이크를 들이댔다. 아이가 입을 열었다. 떠듬거리는 말이었지만, 모든 친구가 그 아이의 육성을 마이크를 통해 들을 수 있었다. 친구들이 놀란 표정을 지었다. 그 아이가 용기를 내어 말할 수 있었던 건 자신감을 얻은 덕분이었다.

학교에서는 종종 놀라운 능력의 아이들을 만나게 된다. 전라도의 한 초등학교 1학년 아이는 피카소 같은 기법을 쓰며 그림 그리는 걸 보았다. 그 아이는 화첩을 들고 다니며 매일 새로운 것이 눈에 띌 때마다 스케치를 하고 있었다. 아이의 드로잉은 마치 대가의 그것을 보는 것 같았다. 하지만 그 꼬마 피카소는 친구들과 잘 어울리지 못하고 있었고, 그 누구에게도 재능을 인정받지 못하고 있었다. 아이를 불러내어 한국에 꼬마 피카소가 나왔다며 칭찬해 주었다. 아이들이 박수를 쳐 주었다. 꼬마 피카소는 우쭐하며 행복한 표정을 지었다.

학교에서는 장애우반을 운영하기도 한다. 중증인 경우 보조

교사가 아이를 도와 주기도 한다. 중증은 아니어도 학교생활이 좀 어려울 듯싶은 아이들도 자주 만난다. 조금만 관심을 기울이면 그런 아이들을 금방 찾아낼 수 있다. 나는 강연이 시작되면 장애우 아이들이나 너무나 소심하여 자신을 표현하지 못하는 아이들을 빨리 찾아내려고 애쓴다. 평상시에 그 누구에게도 인정을 받지 못하고 늘 그늘에서 살아가는 아이들이기 때문에 기회를 만들어 주고 싶은 까닭이다. 그런 아이들이 손을 들고 입을 열게 하려면 그 어떤 부담도 없애 주어야 한다. 오답도 없어야 하고, 어떤 대답을 해도 포장을 해서 칭찬해 주어야 한다. 그런 아이들이 무대에 오르고 박수를 받는다면(정당한 이유를 만들어 보여 주어야 한다. 약간의 포장술이 필요하다) 다른 아이들이 자극을 받아 치열하게 손을 들고 자신의 생각이나 의견을 적극적으로 발표하게 된다. 학교 강연장 분위기는 대개 그런 과정을 통해 후끈 달아오른다. 강연장이 뜨거워지면 행사는 성공인 것이다.

강연의 감칠맛, 선물

작가와의 만남을 진행하면서 강연자들이 고민하는 것 가운데 하나가 바로 '선물'이다. 선물에 대한 고민은 강연을 많이 하는 작가들도 예외가 아니다. 강연을 하다 보면 아이들에게 선물을 안 줄 수 없는데, 대체 어떤 선물을 주어야 할지, 또 어느 정도의 예산을 써야 할지 잘 모르겠다는 거다. 선물에 대한 고민은 나도 마찬가지다. 무려 십여 년 동안 그 고민에서 자유롭지 못했다. 내가 다른 작가들에게 하는 말이 있다. 강연 선물에 대한 고민이 끝나야 비로소 강연의 궤도에 올라선 거라고……. 다른 강연은 몰라도, 초등학교에서는 그렇다. 아마 적잖은 강연자들이 이 말에 공감할지 모른다. 그만큼 선물은 묘하게도 풀기 어려운 숙제라는 뜻이다.

　초등학교 작가와의 만남 강연에서 선물은 도움이 된다. 오랜 경험에서 내린 결론이다. 이유가 있다. 성인 강연과 달리 초등학교 작가와의 만남의 청중은 아이들이다. 선물을 주지 않는다고 강연하는 데 문제가 되는 건 아니다. 하지만 선물을 잘 활용하면 강연의 효율을 높일 수 있다. 일반적으로 80분이라는 제한된 시간 안에서 아이들을 만난다는 상황을 생각해 보자. 강연자는 자신의 작품에 대해서도 이야기해야 하고 메시지도 전달해야 하며 체험활동도 넣어야 한다. 여기에 아이들이 자신의 생각을 발표할 수 있도록 분위기도 만들어야 한다. 80분 안에 이런 모든 일을 원활하게 진행해 나가야 한다는 말이다. 이건 결코 만만한 일이 아니다.

　초등학교 4학년 때의 일이다. 서울 마포의 외삼촌 댁에 갔을 때의 기억이 여전하다. 서울 변두리에 사는 내가 버스를 타고 서울 도심을 가로질러 가서 영화도 보고 외식을 했던 기억이 어슴푸레하게 남아 있다. 그런데 오랜 세월이 지났어도 여전히 내 뇌리에 각인된 듯 또렷이 남아 있는 건 바로 선물이었다. 외숙모가 내 손에 꼭 쥐여 준 문화연필 한 다스 그리고 사브레 과자 한 상자. 집으로 돌아오는 버스 안에서 나는 연필과 과자 상자에서 눈을 뗄 수 없었다. 과자 상자는 뜯을 수조차 없었다. 얼른 가서 엄마한테 보여 주며 자랑하고 싶었던 까닭이다. 문화연필도 아주 오랫동안 쓰지 않았다. 몽당연필을 쓰면서도 선물 받은 문화연필은 앉은뱅이책상에 올려 두고 바라만 보았다. 외숙모에게 받았을 때의 그 행복한 순간을 마음속에 그대로 간직하고 싶었기 때문이다. 선물의 힘이 아닐 수 없다.

오래전 강연 초기에는 주로 출판사에서 제작해 준 인쇄물을 활용했다. 내가 촬영한 새 사진을 넣고 인쇄해서 아이들에게 선물로 주었다. 강연을 한 뒤 브로마이드 인쇄물에 사인을 하고 돌돌 말아 주었는데, 아이들의 반응이 꽤 좋았다. 대형 브로마이드는 강연 때 만나는 아이들 모두에게 나눠 주었다. 그런데 그 제작비용이 적지 않다는 걸 알았다. 강연 횟수가 늘어나고 몇백 명씩 하는 대인원 강연이 들어오다 보니 인쇄물 수요가 엄청나게 늘었다. 알게 모르게 출판사에 부담을 주기 시작한 것이다. 한때는 대형 브로마이드 대신 손바닥만 한 그림엽서를 쓰기도 했다. 그림엽서는 크기가 작아 사인해서 아이들에게 주기 좋았다. 이 역시 많은 양을 쓰다 보니 대량으로 인쇄를 해야만 했다. 종이도 도톰하고 반들거리는 걸로 써야 했기 때문에 출판사에 부담이 되는 것 같았다.

지금은 하지 않지만, 한때 미니 초콜릿을 선물로 주기도 했다. 아이들은 당연히 좋아했다. 특히 초콜릿에 대한 선호도는 매우 높았다. 작은 봉지에 콩알만 한 초콜릿이 담겨 있는 제품을 썼고, 이따금 초코파이를 주기도 했다. 먹는 선물은 아이들이 참 좋아하지만, 일회성인 데다가 유통기한을 매번 신경 쓰는 것도 여간 부담스러운 일이 아니었다(먹는 선물에 대해 아주 민감해하는 학교도 있다는 점을 참고하자).

언젠가 한 작가와 이야기를 나누다가 그가 선물에 큰 비용을 쓰고 있다는 걸 알았다. 재료비 지출에 1인당 천 원 넘게 쓰고 있었다.

"아이들이 50명 넘어도 똑같이 하나요?"

"그럼요."

그 작가는 선물 비용으로 적잖은 돈을 쓰고 있었다. 또 다른 작가는 캐러멜이나 초콜릿, 사탕 등을 비닐 포장지에 담은 미니 간식 세트를 선물로 쓴다. 강연 때마다 대여섯 개를 포장해서 선물로 주는데, 포장 시간도 좀 걸리지만 무엇보다 비용이 만만치 않다고 털어놓았다. 선물의 효용성을 알기 때문에 선뜻 수량을 줄이는 게 쉽지 않다고 하소연했다.

나는 요즘 컵과 스푼, 미니 에코백을 주로 쓴다. 컵과 스푼은 비교적 저렴해서 강연 대상 수에 따라 다르지만, 대여섯 명에서 십여 명 정도에게 준다. 에코백은 한두 명 정도 미션이나 체험활동 선물로 준다. 강연을 시작하면서 몸풀기 문제를 내는데, 이때는 반드시 선물을 준다. 선물의 가격에 상관없이 강연의 관문을 여는 문제의 선물이어서 초기 분위기를 띄우는 데 적잖이 기여한다. 컵과 스푼, 에코백 등에는 내 동화책이나 그림책에 나오는 캐릭터를 그려 넣는다.

선물을 줄 때 중요한 것은 타이밍이다. 스푼과 사인 컵은 강연 중간중간 독특한 대답을 하는 아이들에게 준다. 내가 상상하지 못하는 대답이나 놀라운 표현을 하는 아이에게도 준다. 아이들이 좀 더 다른 생각을 하고 엉뚱한 상상을 하도록 유도하는 불쏘시개로 쓰는 것이다. 작은 선물이지만, 강연자가 사인한 굿즈가 아이의 손에 넘어가는 순간 아이들은 전의(!)를 불태운다. 아이들의 동공은 더 커지기 마련이다.

강연 도입부에서 새와 다른 동물들과의 차이점을 곧잘 묻는다. 이 질문은 생태동화든 그림책이든 상관없이 자주 쓰인다.

"새가 다른 동물, 예컨대 사자나 호랑이, 뱀과 다른 점은 뭘까?"

자주 던지는 질문이지만, 늘 창의적인 대답을 찾는다.

"새는 깃털이 있어요."

"부리가 있어요."

"어디론가 이동을 해요."

이런 답이 나오는데, 아이들을 좀 더 자극하면서 전혀 새로운 대답을 이끌어 낸다.

"새는 날아요."

이런 대답이 나오는 순간 아이들은 야유를 보내기도 한다. 아이들에게는 너무나 당연하고 시시한 대답인 거다. 대답을 한 아이가 깊은 생각을 한 건 아니다. 그저 잠시 생각이 떠올라서 손을 들고 말했을 뿐이다. 다른 친구들이 싸늘하게 반응을 하면 대답한 아이는 기가 꺾인다. 고개를 푹 숙이고 만다. 나는 그런 아이를 절대 그대로 내버려두지 않는다. 그 아이의 기를 꼭 살려 준다.

"얘들아, 바로 이게 내가 기다리던 대답이야."

"뭐라고요?"

아이들은 고개를 갸우뚱거린다. 말도 안 된다는 몸짓이다. 새한테 날개가 있는 건 너무나 당연한 일이니, 그도 그럴 만하다. 그때 날개에 대해 이야기를 덧붙인다. 우리는 새가 자유롭게 날아다니는 것으로부터 뭔가 배우는 것이다. 새는 날기 위해서 앞다리 두 개를 포기했고, 그 두 다리가 날개로 진화했다. 날개를 얻으면서 자신이 원하는 곳은 어디든 갈 수 있게 된 것이다. 실제로 새는 지구 어디에나 존재한다. 남극부터 뭍이 없는 북극권에 이르기까지 새가 살지 않는 곳은 없다. 새는 앉을 곳만 있다면 어디든 가서 적응하며 생존하는 놀라운 동물인 셈이다.

"얘들아, 너희들이 아무리 공부를 잘해도, 나중에 돈을 많이 벌어도 만일 자유가 없다면 어떻게 될까? 과연 행복할까?"

"아니요, 행복하지 않아요!"

아이들이 모두 큰 소리로 대답한다.

"그래, 바로 그거야. 자유는 어쩌면 이 세상을 살면서 가장 중요한 것인지 몰라. 절대로 포기할 수 없는. 내가 이 아이에게 칭찬하는 이유가 뭔지 알겠지? 바로 그 자유에 대해 생각하도록 했기 때문이야. 모두 박수!"

아이들은 고개를 끄덕이면서 박수를 치기 시작한다.

나는 그런 아이에게 에코백을 선물로 준다. 아이들은 깜짝 놀란다. 스푼이나 컵 정도 주면 될 것을, 작가의 사인과 그림이 들어간 에코백을 주는 것은 지나치다는 표정이다.

초등학교 1학년 대상 강연일 경우 선물 주는 일이 아주 조심스럽다. 1학년 강연이 끝났을 때 이따금 우는 아이가 나오기도 한다. 선물을 못 받았기 때문이란다. 1학년 아이들은 선물을 받고 싶은데 자신의 뜻대로 안 되면 아주 드물게 울기도 한다(2학년에서도 그런 사례가 있었다). 강연 중 우는 사태가 벌어지면 좀 난감해진다. 나는 저학년이든 고학년이든 이런 사태를 예방하기 위해 반드시 언급해 두는 말이 있다.

"이 아이가 뽑혔다고 해서 꼭 1등을 했다는 뜻이 아니란다."

1학년이나 2학년 아이들 대상으로 교실에서 소규모 강연을 할 때는 따로 선물 소개를 해 주지 않은 상태에서 놀랍거나 엉뚱한 (나는 이걸 아주 좋아한다. 계속 독특하고 새로운 대답을 달라고 요구한다) 대답을 하는 아이에게 그때그때 선물을 준다. 하지만 체육관이나 시청각실 등 대규모 강연을 할 때는 순간 집중력을 높이기 위해 강연 시작할 때 선물을 보여 주고 분위기를 띄운다. 이런 식이다.

"자, 너희들에게 줄 선물이 있는데 한번 볼까?"

"네!"

"혹시 지금 선물 안 보고 싶은 사람도 있을까?"

이런 질문을 던지면 꼭 손을 드는 아이가 한둘 있다.

"좋아, 당장 선물 보고 싶지 않은 사람은 내가 선물을 보여 줄 때 잠시 눈을 감고 있도록!"

아이들이 깔깔 웃는다.

여러 개의 선물을 연속해서 소개하면서 분위기를 띄운다. 아이들은 선물의 가치에는 관심 없다. 강연자(작가)가 주는 선물이기 때문에 손에 넣고 싶어 하는 것 같다.

비대면 강연 때도 선물을 잘 활용한다. 비대면 강연 때 포인트(동그라미나 숫자 포인트) 보상을 하는데, 선물을 즉석에서 줄 수 없기 때문에 포인트를 적립해서 최고 포인트를 얻은 사람에게 선물을 준다. 참가자가 20명 내외로 적을 경우에는 즉석에서 행운권 추첨을 하기도 한다. 주로 '가위바위보'를 해서 정한다. 참가자들은 비대면 모니터 화면에 손바닥을 갖다 대며 가위바위보를 한다. 주로 1등을 뽑지 않고 꼴찌를 뽑는다(이건 대면 강연 때도 똑같다). 꼴찌를 뽑는 까닭도 분명히 밝힌다. 1등은 행복하겠지만, 꼴찌는 얼마나 슬프겠냐고 말이다. 슬픈 사람에게 선물을 주는 게 맞지 않느냐는 논리다.

하지만, 내가 늘 꼴찌를 뽑는 이유는 따로 있다. 아이들은 학교에서 늘 1등이나 최고로 잘하는 사람이 되려고 한다. 초중고등학교 내내 마찬가지다. 공부를 잘 못 하는 아이는 늘 뒤처지기 마련이다. 특히 공부의 경우, 못 하는 아이는 칭찬을 받는 일이 거의 없다. 아이들은 그 때문에 위축되거나 더욱 소심해진다. 아이들이 손을 못 드는 이유도 바로 거기에 있다. 학교에서는 늘 정답을 원하기 때문이다. 정답자만이 칭찬을 받고 좋은 점수를 받는다.

하지만 곰곰이 생각해 보면 넷이나 다섯 개 중에 하나만 정답이라고 하는 교육이 무조건 옳다고 말할 수는 없다. 어찌 보면 우리는 오답 문항에서 진짜 공부 재료를 찾을 수 있을지 모른다. 하여간 꼴찌를 뽑아서 선물을 주면 못 받은 아이들이 대체로 상처를 덜 받는 것 같다. 선물로 집중의 효과를 높이면서, 한편으로 선물을 못 받은 아이에게도 아쉬움을 덜어 주는 방법인 것이다.

비대면 때 선물은 택배로 보낸다. 학교에서 비대면을 할 경우에는 택배 상자 하나에 선물들을 담아 보내면 적은 금액으로 선물 문제를 말끔하게 해결할 수 있다. 이따금 아이들 각자 집에서 비대면 강연을 할 경우 큰 비용을 들여 아이들 집으로 택배를 보낼 수가 없다. 그때는 학교 담당 교사 앞으로 보내고 선물에다 이름표를 붙여 두어 전달되도록 한다.

선물은 고르기도 힘들고 잘 주기도 쉽지 않다. 하지만 선물을 적절하게 잘 활용하면 제한된 시간의 강연에서 효과를 크게 높일 수 있다. 선물은 많이 준다고 능사는 아니다. 비용 지출도 감안해야 한다. 선물을 주는 것도 전략적으로 연구해야 한다. 번거롭지만 충분히 그럴 만한 가치가 있다.

학교 강연의 꽃, 체험활동

 작가와의 만남 때마다 꼭 집어넣는 순서가 있다. 바로 '체험활동'이다. 체험활동은 동화나 그림책 등 작품과 관련하여 아이들이 몸소 겪고 느끼며 활동하는 일을 가리킨다. 체험활동은 그 자체로도 의미가 있지만, 학교에서는 유무형의 교육적 효과를 기대하기 때문에 특별히 그 의미와 가치가 있다.
 오래전 국립어린이청소년도서관에서 학부모 대상 강연을 한 적이 있다. 강연 시작과 동시에 학부모들을 일으켜 세웠다. 30여 명의 학부모들이 내 뒤를 따르도록 했다. 나는 학부모들을 이끌고 도서관 건물을 빠져나와 그 주변을 한 바퀴 돌았다. 아무 말도 하지 않았다. 그저 나는 사방을 두리번거리면서 걸었고, 학부

모들은 나를 따라 계속 걸었다. 그렇게 한 바퀴 돈 다음 다시 강연장으로 돌아왔다. 학부모들에게 종이와 펜을 나누어 주었다. 그러고는 20분 동안 강연장에서 나와 도서관 주변을 돌 때 눈에 들어온 것이나 들을 것들을 적어 보라고 했다. 모두 A4 종이에 깨알처럼 적어 내려갔다.

다 적은 종이를 벽에 붙여 놓고 들여다보았다. 여기저기서 탄성이 터져 나왔다. 사람들이 적어 놓은 내용 중에는 생각지도 못한 것들이 수두룩했다. 지나가던 사람들이 나눈 대화 내용부터 오가는 자동차들, 그 안에 타고 있던 운전자의 행동도 적혀 있었다. 도서관 사서들의 소소한 움직임이나 행동도 관찰되었고, 현관 입구에서 출입자들을 대하는 직원의 태도까지 일일이 담겨 있었다. 놀라운 건 또 있었다. 학부모들은 평상시 자세히 보지 않았던 것들을 찾아냈다. 인도 바닥에 기어다니는 개미들, 주택집 처마 밑에 붙어 사는 작은 거미들, 나무 이파리에 매달려 있는 벌레들까지 마치 현미경으로 들여다봐야 찾을 수 있을 법한 아주 작은 존재들까지도 발견해 냈다.

그들은 그걸 몇 개의 문장으로 썼다. 학부모들은 분명 똑같은 길을 지나갔는데, 서로 다른 것들을 관찰하고 찾아낸 것이다. 사람들은 저마다 보는 각도에 따라 생각이나 느낌이 달랐다. 글쓰기 강연이었지만, 학부모들은 그날 걷고 관찰하고 쓰기 체험을 통해 서로의 생각이 얼마나 같고 또 다른지 깨달았을 것이다.

그림책 작가 정호선 씨는 자신의 작품과 잘 연결된 체험활동을 하고 있다. 기차에 관한 그림책 강연을 마친 뒤 복사 용지(A4) 한 장씩을 나누어 준 다음 자신의 기차 칸을 하나씩 그리라고 한다. 상상의 기차 칸인 셈이다. 아이들은 동물들이 타고 있는 작품 속 그림을 벗어나, 자신의 상상력을 발휘해서 그림을 그려 간다. 기차 칸에는 책에 나온 동물들이 타기도 하고, 책에 없는 동물들이 나오기도 할 것이다. 물론 동물이 아니라, 사람들을 넣을 수도 있다. 심지어 판타지에나 나올 법한 이상한 사람들을 그려서 기차 칸에 넣어 보기도 한다. 상상력이 더 뛰어난 아이들 가운데는 지금까지 그 누구도 보지 못한 상상 속 가공인물이나 재미있는 괴물을 그려 넣기도 한다. 그리기를 다 마친 아이들은 무대 바닥에 자신의 그림을 깔아 둔다. 여러 아이의 그림들은 서로 이어져 하나의 거대한 기차가 된다. 아이들은 자신의 그림과 다른 친구들의 기차 칸 그림을 감상하며 새로운 이야기를 만들어 낸다. 멋진 체험활동이 아닐 수 없다.

나는 작가와의 만남 때 말랑말랑하고 가벼운 하얀색 천사 점토를 이용하여 새알이나 부리를 만들도록 한다. 물론 어떤 제한도 없이 자유롭다. 아이들은 점토를 만지작거리길 아주 좋아한다. 천사 점토는 촉감이 좋고 고사리 같은 손으로도 얼마든지 아이들이 상상하는 모양을 만들어 낼 수 있다. 그뿐만 아니라 색깔과 무늬도 입힐 수 있다. 아이들이 만들도록 하는 새알은 우리가 알고 있는 그런 종류의 평범한 알이 아니다. 우리가 보아 온 새의 뾰족한 부리도 아니다. 정말 놀라운 작품을 만들어 내도록 한다. 아이들은 말도 안 되는 그림이나 형태를 고안해 낸다. 우리가 한 번도 보지 못한 독특한 무늬나 색깔을 만들기도 한다. 아이들은 그림그리기나 만들기를 하면서 작품에 나오는 새알과 부리에 대해 생각해 보게 된다. 체험활동을 하면서 새들이 왜 알을 낳는지, 또 새들은 왜 이빨 없는 부리를 가지게 되었는지 생각해 보는 시간이 되기도 한다.

오래전 생태동화에 나오는 애벌레 모양의 빵 만들기 프로그램을 한 적이 있다. 생태동화나 그림책에 나오는 새들이 주로 먹는 애벌레다. 아이들이 직접 애벌레 모양의 빵을 만들어 보며 이야기를 나누는 체험이다. 아이들은 직접 밀가루 반죽을 주물럭거려 애벌레 모양을 만들고 발효를 시킨다. 그 사이 작품 이야기를 듣고 발효를 마친 빵을 오븐에 넣어 굽는다. 노릇노릇하게 구워진 애벌레 빵이 나올 때 아이들은 기쁨에 젖어 환호성을 지른다. 자신들이 직접 만든 애벌레 빵이 나왔기 때문이다. 빵이 다 구워질 무렵 반죽기에 휘핑크림을 돌려 생크림도 만들었다. 이윽고 오븐에서 애벌레 빵을 꺼냈다. 그런데 아이들은 그 빵을 먹지 않았다.

"빵이 맛없어 보여서 안 먹는 거니?"

내가 의아해해서 아이들에게 물었다.

"아뇨. 그게 아니라, 이 빵은 집에 가져가야 해요."

"왜, 먹지 않고서?"

"집에 가서 엄마한테 보여 주고 싶어요."

어찌 보면 보잘것없는 빵이겠지만, 아이들이 직접 자신의 손으로 '동굴리기' 하고 발효하여 오븐에 구운 빵은 단순한 빵이 아니었다. 자신이 체험하면서 만들었기 때문에 엄마에게 보여 주고 싶었던 것이다. 체험활동의 힘이 느껴지는 순간이었다.

빵 만들기 할 때 좀 특이한 걸 시도해 보았다. 일종의 밀가루 반죽 놀이인데, 스크래퍼(밀가루 반죽 등을 자르거나 도마 바닥을 긁는 도구)로 반죽을 자르는 체험을 시켜 보았다. 미리 100그램의 반죽을 잘라 그것을 참가한 아이들 손에 올려놓고 만져 보게 하였다. 아이들이 100그램의 무게를 느껴 보도록 한 것이다. 그리고는 한 명씩 나와서 스크래퍼로 반죽을 자르게 해 보았다. 100그램에 가장 가깝게 자르는 아이를 뽑는 체험이다. 개인전으로도 할 수 있고, 모둠을 만들어 단체전으로 할 수도 있다. 개인전이든, 단체전이든 아이들은 열광하기 마련이다. 아이들은 침을 꼴깍 삼키며 다음 사람이 자른 반죽의 무게를 들여다본다.

단체전일 때는 놀이 내내 환호성이 그치지 않는다. 나는 반죽 자르기 체험에서 흥미로운 사실을 발견했다. 무엇보다 적잖은 아이들이 스크래퍼로 반죽을 즉시 자르지 못하고 망설인다. 반죽을 들고 안절부절못하다가 자르기를 못 하고 포기하는 아이도 있다. 결정을 못 하는 아이인 셈이다. 평소 부모들이 아이들의 모든 일을 다 결정해 주기 때문에 벌어지는 일이 아닐까 싶다.

바이러스 그림책 작가와의 만남 때는 미래에 다시 찾아올 코로나19 바이러스를 만들어 보도록 한다. 코로나19를 직접 겪은 아이들은 학년 구분 없이 모두 흥미를 갖는 체험활동이다. 아이들이 다 만든 작품은 테이블 위에 올려놓은 다음, 모든 아이가 함께 감상하는 시간을 준 뒤 심사에 들어간다. 시상은 여러 부문으로 나눈다. 예컨대 작품상, 캐릭터상, 크리에이티브(창의력)상 등을 뽑는데, 분위기를 더 재미있게 이끌어 가고 싶을 때는 즉석에서 특이한 부문을 만들기도 한다. '가장 웃기는 작품상'이나 '가장 무시무시한 작품상' 따위가 그것이다. 이색 수상자를 뽑으면 아이들은 더욱 신이 난다. 여기서 주의할 게 있다. 작품을 뽑을 때 아이들에게 '1등'이라거나 '최우수'라는 표현을 쓰지 않는다. 누군가 우수하다고 말하는 순간 다른 아이들이 마음에 상처를 입을지 모르기 때문이다.

30~50명 정도의 소규모 강연 때는 체험활동 심사를 특이하게

한다. 즉, 심사 자체를 아이들에게 모두 맡겨 버린다. 강연자가 아니고 교사도 아닌, 아이들 자신이 심사한다는 말에 아이들은 잠시 어리둥절하고 조금 놀라워한다. 그림그리기 체험활동은 복사 용지(A4)를 반으로 접어서 한다. 모든 아이의 결과물을 화이트보드에 붙이도록 하기 위해서다(나는 강력 미니 자석을 가지고 다닌다. 학교에도 화이트보드용 자석이 있지만, 교사가 준비하는 데 번거롭고 시간도 걸릴 수 있기 때문이다. 화이트보드가 자석용이 아니면 스카치테이프를 미리 준비한다). 아이들에게는 자신의 그림에 이름을 쓰지 말라고 한다. 이름이 노출되면 자칫 심사가 공정하게 이루어지지 않을 수 있기 때문이다.

아이들의 심사는 스티커를 붙여서 한다. 문구점에서 파는 동그라미 스티커를 넉 장(때에 따라 인원이 아주 적을 때는 더 많은 스티커를 준다)씩 주고는 자신이 마음에 드는 그림에 붙이게 한다. 이때 유의사항이 있다. 화이트보드 앞에 서너 명의 아이들이 나오는데, 작품 앞에서는 일체 대화를 하지 못 하도록 한다. 특정 작품을 손가락으로 가리키는 것도 금지다. 이렇게 하는 까닭이 있다. 모든 심사 결정을 아이들 각자가 스스로 하자는 취지이다. 아이들은 대개 자기 스스로 판단하고 결정하는 데 익숙하지 않다. 누구의 지시에 의해 수동적으로 살아왔기 때문에 그냥 내버려두면 서로 상의해서 스티커를 붙이려고 한다. 그걸 막아 버리는 거다. 스스로 결정해서 마음에 드는 그림에 스티커를 붙이도록 한다.

심사 때 아이들이 꼭 하는 질문이 있다. 자신의 그림에도 스티커를 붙일 수 있느냐는 거다. 나는 붙일 수 있다고 대답한다. 자신의 그림에 스티커를 붙이게 하는 건 아이들의 자존감을 높이는 전략이다. 그림그리기 미션 초기에는 황당한 일이 벌어진 적이 있다. 자신의 그림에는 스티커를 못 붙이도록 했더니, 두세 명의 그림에 단 한 장의 스티커도 붙지 않았다. 두 아이는 큰 상처를 받았을지 모른다. 그런 최악의 상황을 만들지 않기 위해 자신의 그림에 먼저 한 장 붙이고 나머지 석 장을 다른 그림에 붙이도록 규칙을 정한다. 아이들이 스티커를 붙이는 심사가 끝나면 이번에는 담임선생님을 화이트보드 앞으로 모신다. 담임선생님도 아이들과 똑같이 넉 장의 스티커를 주고 심사하도록 한다. 강연자도 교사와 함께 참여한다.

체육관에서 100명 이상을 대상으로 하는 행사에서는 화이트보드에 아이들 그림 작품을 붙여 놓고 심사하는 게 쉽지 않다. 무엇보다 심사 시간이 오래 걸리는 데다가 대형 화이트보드를 준비해야 하는 번거로움이 있기 때문이다. 대인원일 경우에는 무대 바닥에 학급별로 자신이 그린 그림을 가지런하게 놓도록 하고 강연자가 골라 발표하기도 한다.

이따금 재미있는 상황도 연출된다. 두 명의 아이가 동수의 스티커를 받는 경우가 바로 그것이다. 실제 이런 일이 몇 번 벌어졌는데, 두 명 다 공동 시상을 했다. 한번은 두 작품만 화이트보드에 붙여 놓고 결선 투표에 부치기도 했다. 결선 투표는 그 자체로 흥행성(!)이 있다. 아이들의 관심이 극대화된다. 결선 투표 심사 때는 스티커를 1인당 딱 한 장만 나눠 주고 투표하도록 한다. 결선 투표를 해서 최종 1인을 뽑으면 아이들의 반응은 더욱 폭발한다. 물론 최종적으로 뽑힌 그림이 결코 1등이 아니라는 점을 강조한다. 그저 상상력을 발휘해서 놀라운 작품을 그렸을 뿐이라고 말이다.

체험활동은 작가와의 만남 중 약 15~20분 정도가 바람직하다고 본다. 작가의 작품과 관련된 체험활동을 할 수가 있고, 꼭 자신의 작품이 아니더라도 강연 주제에 맞는 걸 구상하여 해 볼 수 있다. 체험활동은 아이들이 자신의 손으로 직접 만들거나 그리는 등의 작업을 해 본다는 의미가 있고(꼭 만들기나 그리기만 있는 건 아니다. 얼마든지 다른 활동이 가능하다) 강연 중 분위기를 잠시 환기하는 효과도 있다. 물론 그러한 목적 이외에 스티커 투표와 같이 아이들이 스스로 판단하고 결정을 내리고 민주적으로 투표하는 과정을 직접 경험하도록 하는 것도 의미가 있다고 생각한다.

강연자를 위한 강연 FAQ | 05

작품 수일까?
대표작일까?

　작품 수와 대표작 중 무엇이 강연 섭외에 더 결정적인가를 묻는 질문을 종종 받습니다. 결론부터 말씀드리면 모두 중요합니다. 대표작이 유명하면 인지도가 높다는 점에서 유리할 테지요. 작품 수가 많은 것도 대체로 유리합니다. 자신의 작품 수가 많고, 나아가 다양한 주제의 작품이 있다면 섭외받을 가능성이 그만큼 크다고 할 수 있으니까요. 하지만 학교에서 강사를 섭외할 때는 대표작이나 작품 수보다 강사, 즉 강연자의 강연 능력이나 평판에 더 관심을 기울이는 것 같습니다. 일선 교사들의 말을 들어 보면 독서 담당 교사가 가장 크게 관심을 두는 부분은 '재미있게 강연하는 작가'라고 합니다. 여기서 '재미있게'란 말은 개그맨이나 레크리에이션 강사처럼 웃음과 즐거움을 중심에 두라는 뜻이 아닙니다. '재미있으면서도 유익하게'라는 의미로 보입니다.

　작가와의 만남은 아이들을 대상으로 하지만, 좀 더 주의 깊게 생각해 보면 아이들만 보고 듣는 건 아닙니다. 아이들이 앉은 객석 뒤편에 담임교사들이 앉아 있습니다. 즉 담임교사들도 참관하고 있다는 말입니다. 지방의 작은 학교에서는 이따금 교감이나 교장선생님이 참관하는 경우도 있습니다. 대개 학교 관리자들은 강연장에 잠시 들렀다가 나가는데, 처음부터 끝까지 참관하는 관리자도 있습니다. 결국 학교에서 열리는 작가와의 만남은 아이들만 만족시키는 것으로 끝나서는 안 된다는 뜻입니다. 교사와 교감 또는 교장 등 강연장에 있는 모든 사람을 만족시켜야 한다는 뜻입니다. 그러면 여기서 끝일까요? 그렇지 않습니다. 학교에서 작가와의 만남 일정이 확정되면 가정통신문을 통해 그 소식이 각 가정으로 전달됩니다. 학부모도 자연스럽게 관심을 가지게 됩니다. 주제 도서를 학부모가 직접 구매해서 챙기는 일도 많습니다. 그럴 경우 작가와의 만남은 단순히 학교 행사에 국한되지 않습니다. 학부모의 관심 대상도 되는 것입니다. 그러니 강연자의 강연 능력과 평판이 우선 고려사항이 되는 것은 당연한 일입니다.

 그렇다면 작품 수와 섭외의 상관관계는 어떨까요? 학교 담당 교사나 사서는 해당 작가와의 만남 주제에 맞는 작품을 찾을 텐데, 기본적으로 서너 권 정도를 후보군에 올려 두고 고민한다고 합니다. 그런 점에서 작품 수가 많으면 후보에 오를 확률이 높으니 전혀 무관하지는 않다고 하겠습니다. 하지만 학교의 주 관심사는 아이들이 잘 읽어 낼 수 있는 작품인지, 또 그 작품으로 작가와의 만남 강연을 했

～～～～～～～～～～～～～～～～

을 때 아이들의 반응이 어떨지 등이라고 합니다. 실제로 먼저 강연했던 다른 학교 담당자에게 전화를 걸어 문의하는 교사들도 있다고 합니다. 독서 관련 잡지나 인터넷 검색은 당연한 과정일 테고요. 학교 작가와의 만남이 그만큼 민감하다는 증거입니다. 교사나 사서가 비교적 더 많이 의존하는 건 다른 작가의 소개나 추천인 것 같습니다. 강연자를 직접 경험한 교사나 사서의 평가가 더 신뢰를 받는 것 같습니다.

  작가의 대표작은 SNS에 널리 퍼져 있고 담당자들의 입소문 대상이 될 가능성이 높습니다. 기획자의 입장에서 보면 널리 읽히는 작가의 대표작은 당연히 눈에 들어올 테고, 섭외로 이어질 가능성이 커질 수밖에 없습니다.

추억을 새겨 넣는
이색 사인회

　미국의 온라인 쇼핑몰 이베이에는 없는 물건이 없다. 그 가운데는 유명 작가들의 사인본도 경매 또는 판매 리스트에 오르곤 한다. 얼마 전 노벨문학상을 받은 헤밍웨이의 사인본 하나가 목록에 올라왔다. 『무기여 잘 있거라』 초판으로, 헤밍웨이의 친필 사인이 들어 있는 책이었다. 가격이 무려 한화 1,300만 원이었다. 지금까지 사인의 가치가 가장 높은 사람은 영화배우 제임스 딘으로 밝혀졌는데, 3,000만 원이 넘는다. 제임스 딘은 이미 오래전 고인이 되어 그의 친필 사인이 거의 남아 있지 않다고 한다. 그 때문에 사인의 가치가 높아졌을 테다. 사인은 기록이며, 하나의 역사가 아닐 수 없다.

작가와의 만남 행사 중 사인회를 한다. 학교에서 교사나 사서가 강연자 섭외를 할 때 이따금 묻는 대목이 있다. 바로 사인회에 관한 것이다.

"작가님, 사인도 해 주시나요?"

담당자들은 대개 이렇게 묻는다.

"그럼요. 당연히 해 드려야죠."

사인을 해 준다고 하면 종종 어렵사리 꺼내는 질문이 또 있다.

"혹시 책이 아니어도 사인해 주시나요?"

"그럼요. 책 없는 아이들도 있잖아요."

내 대답에 담당자는 고맙다는 말을 잊지 않는다. 작가와의 만남 행사를 하면 학교에서는 사인회에 대한 기대와 바람이 적지 않다. 작가에 대한 아이들의 기대감이 부풀어 있는 까닭도 있겠지만, 작가에게 사인을 받는 것 자체가 아이들에게는 하나의 추억이 되고 기념이 되는 까닭이다. 학부모들 역시 작가 사인에 대한 기대감이 적지 않다. 100명 이상 대인원인 경우 사인할 절대 시간이 모자라기 때문에 생략되기도 하지만, 그 이하의 인원을 대상으로 한 행사에서는 적극적으로 사인회를 타진해 온다. 만일 '한 학기 한 권 읽기' 작가와의 만남처럼 아이들이 비교적 오랜 시간 동안 동화책이나 그림책을 읽고 작가를 만나는 경우, 사인회에 대한 기대는 더욱 커진다.

나는 사인회에 남다른 의미가 있다고 본다. 작가들의 사인이 헤밍웨이나 제임스 딘의 사인처럼 값비싼 건 아니다. 하지만 학교에서의 사인회는 좀 다른 의미가 있다. 사인회는 아이들이 작가와 아주 가까이서 머리를 맞댈 수 있는 소중한 시간이기 때문이다. 아이들이 작가의 사인을 기다리면서 기대감과 설레는 마음을 가질 수 있고, 사인하는 순간 작가의 호흡을 조금이라도 가까이서 느낄 수 있다. 그건 아이들에게 남다른 추억이자 또 다른 동기부여가 될 수 있다. 그런 의미에서 나는 사인회를 아주 적극적으로 활용한다. 또 사인회를 그냥 평범하게 하지 않는다. 오래 기억에 남도록 색다르게 한다.

언젠가 자신의 저서에만 사인하는 걸 원칙으로 삼는 작가가 있다는 이야기를 들었다. 자신이 쓴 책에 사인하는 일은 분명 즐겁고 행복할 것이다. 한편으로 생각해 보면 독자가 작가를 만날 때 저자의 책에 사인을 받는 것도 하나의 예의일지 모른다. 하지만 나는 좀 다르게 생각한다. 학교에서의 사인회는 서점이나 마케팅을 위한 행사장에서 진행되는 저자 사인회와는 성격이 다르다. 요즘은 드문 일이 되었지만, 과거 대형서점에서 유명 작가 사인회를 할 때면 수백 명의 독자가 사인을 받기 위해 책을 사 들고 한두 시간씩 기다리기도 했다. 그건 어디까지나 책을 팔고사는 서점의 상황이다.

학교에서 열리는 작가와의 만남은 다르다. 학교에서 아이들에게 책을 사 주기도 하지만, 모든 학교에서 그렇게 하는 건 아니다. 학교에서는 보통 일정량의 책을 구매해서 학급별로 나누어 주어 회독시키는 경우가 일반적이다. 따라서 작가와의 만남에서 보는 책은 학교에서 구매한 책인 경우가 대부분이다. 물론 학교에서 각 가정으로 작가와의 만남 공지를 해서 개인적으로 구매해서 읽도록 한 다음 행사 때 가져올 수도 있는데, 문제는 모든 가정에서 책을 다 구입하는 건 아니라는 점이다.

나는 학교의 이런 사정을 이해하면서 좀 색다른 사인회를 시작하게 되었다. 그건 바로 '소지품 사인회'다. 이른바 아이들의 물건에다 사인해 주는 것이다. 예컨대 필통, 가방, 물병이나 텀블러, 휴대폰 등등 자신이 소지하거나 아끼는 물건에 사인해 준다. 인원수가 적거나 시간적인 여유가 있으면 동화책이나 그림책의 대표 캐릭터를 그려 주기도 한다. 다만 100명이 넘는 대인원의 경우에는 후다닥 사인만 하기도 한다. 이렇게 소지품 사인회를 하는 까닭이 있다. 책 이외에 아이들이 작가의 사인을 오래도록 간직할 수 있는 방법을 찾은 결과다. 그냥 종이에 사인할 수도 있지만, 그건 오래가지 못한다. 보관도 쉽지 않다. 그에 비해 아이들의 소지품은 오래 간직할 수 있고 기억에도 오래 남는다는 장점이 있다.

"작가님, 텀블러에 받은 사인 아직도 있어요."

특정 학년을 정해서 매년 가는 학교가 있다(학년은 같지만, 매년 아이들이 바뀌기 때문에 몇 년 동안 작가를 계속 부르기도 한다). 그런 학교에 가보면 전년도에 만났던 아이들이 작가가 왔다는 소식을 듣고 달려오기도 한다. 아이들은 물병이나 휴대폰을 들고 뛰어오기도 한다. 자랑스러운 듯 사인받은 물건을 보여 준다. 그건 1년 동안 작가와의 만남을 기억하고 있다는 뜻이다. 단순히 종이에 사인을 하거나 책에만 사인해 준다면 일어날 수 없는 일이다.

소지품 사인을 하다가 더 독특한 방법을 찾았다. 바로 실내화 사인회다. 학교 아이들은 모두 실내화를 신고 있다. 실내화에 작품 캐릭터 하나씩을 그려 주었다. 아이들의 실내화는 깨끗한 것도 있지만, 대개 묵은 때가 절어 있다. 아이들은 때 묻은 실내화를 책상 위에 올려놓기 미안한 표정을 짓지만, 나는 아무렇지도 않게 실내화에 캐릭터를 그려 주고 사인해 준다. 아이들은 그런 작가를 조금 다르게 본다. 한편으로는 감사하고, 또 한편으로는 작가를 편한 대상으로 보는 것 같다.

이색 사인회는 시간이 흐르면서 더 다양해졌다. 아이들은 티셔츠나 점퍼, 축구공, 야구 글러브, 배드민턴 라켓 등 자신이 아끼는 운동기구부터 기타, 피리, 오카리나, 칼림바 등 다양한 악기까지 내밀었다. 아이들은 자신들이 진짜 좋아하는 소지품을 들고 깔깔거리며 줄을 서서 자신의 순서를 기다린다. 사인회가 멋진 이벤트가 되는 순간이다.

몇 년 전 사인회를 하다 깜짝 놀랄 만한 일이 벌어졌다. 초등학교 4학년 교실에서 벌어진 일이다. 강연을 마치고 사인회를 하는데, 아이들이 여러 소지품을 내밀었다. 나는 미션을 걸었다. 가장 놀랍고 창의적인 사인 소지품을 뽑아 선물도 준다고 약속했다. 아이들은 저마다 머리를 짜내며 색다른 소지품을 찾았다. 티셔츠부터 샤프펜, 지우개, 빗, 거울 등 다양한 물건들을 가지고 나왔다. 그때 한 남자아이 차례가 되었다. 그 아이는 청바지를 걷어 올리고 다리에다 사인해 달라고 했다. 나는 아이의 다리를 보는 순간 깜짝 놀랐다. 녀석이 내민 다리는 의족이었다.

한번은 한 고학년 아이가 소지품 사인회를 한다고 하니 교실로 달려갔다. 방과 후 활동할 때 쓰는 기타를 가지고 왔다. 기타는 꽤 비싸 보였다. 친구들이 엄마한테 혼나는 거 아니냐며 걱정을 하기까지 했다. 나는 그렇지 않을 거라고 말하고는 멋진 그림을 그려 주고 기념사진도 찍었다.

내가 소지품 사인회를 하는 이유는 바로 사인받을 물건을 스스로 판단해 보라는 뜻이다. 이따금 가방은 물론, 티셔츠나 외투에 그림과 사인을 해 달라는 요청을 받을 때도 있다(충북 진천의 상신초등학교 학부모 연수 때 소지품 사인회를 한 적이 있었다. 엄마들이 자신의 물건을 들이밀며 사인을 받으며 즐거워했다. 그때 한 엄마가 자신의 하얀 색 핸드백을 내밀었다. 브랜드를 보니 샤넬이었다!). 그럴 때면 큰일 날 거라며 여러 아이가 소리친다. 아이들이 그런 반응을 하면 나는 더 적극적으로 사인해 준다. 더 멋진 캐릭디 그림을 곁들여 사인한다. 이이들이 가진 선입견을 깨 주고 싶어서다.

나는 웬만해서는 사인회 시간을 따로 쓰지 않는다. 가능한 한 별도의 사인회를 하지 않고 체험활동 시간을 활용한다. 작가와의 만남 시간을 더 알차게 쓴다는 말이다. 한쪽에서는 아이들이 체험활동 미션을 수행하고 무대 앞쪽에서는 사인회를 하는 것이다. 사인회를 마친 아이들은 자리에 가서 계속 미션을 수행하도록 한다. 가끔 인원이 너무 많아 도저히 사인회를 마치지 못할 때는 점심 급식을 마치고 추가 사인회를 하기도 한다. 그럴 때는 장소를 바꾸어 도서실에서 사인회를 이어가기도 한다. 도서실 사인회가 계속되면 그날 그 학교는 축제의 장으로 바뀐다. 급식을 먹은 아이들은 저마다 자신의 물건 하나씩 들고 도서실로 달려온다. 한번은 200명이 넘는 아이들을 대상으로 사인회를 진행하다가 점심 후 추가 사인회를 선언(!)했는데, 나머지 50여 명만 온 게 아니라, 작가와의 만남 때 사인받았던 150명이 또 다른 소지품을 들고 달려왔다. 줄은 끝없이 이어졌고 점심시간을 넘기고서야 겨우 사인회를 마칠 수 있었다.

내가 학교 도서실을 활용하는 까닭이 있다. 무엇보다 아이들에게 도서실이 아주 중요한 장소라는 인식을 심어 주기 위해서이다. 도서실이 때에 따라서 작가 사인회를 할 수 있고, 또 그 공간에 있는 사서(모든 초등학교에 사서가 배치되어 있는 건 아니다. 하지만 사서가 일하는 학교 도서실에 가서 대기하다 보면 도서실이 얼마나 중요한 곳인지 실감한다. 책 반납하러 오는 아이들, 책 대출하는 아이들로 부산스럽다. 특히 사서에게 전날 있었던 자기 집 이야기를 조잘거리며 하는 모습도 여러 번 목격했다. 사서는 모든 학년을 다 대하기 때문에 아주 편한 대상으로 보는 것 같다)가 중요한 역할을 한다는 사실도 간접적으로 보여 주고 싶은 것이다.

작가와의 만남 사인회는 의미가 있다. 사인회는 어떻게 하느냐에 따라 놀라운 성과를 이끌어 내기도 한다. 나는 사인을 해 주면서 아이들의 이름을 불러 주고(아이들 가슴에 이름표를 붙여 주는 것도 좋은 방법이다. 자신의 이름이 작가의 입으로 호명되는 것도 행복한 일이 아닐까?) 눈을 마주친다. 그냥 사인하는 게 아니라 잠시라도 아이들과 소통한다는 뜻이다. 시간적 여유가 더 있으면 담임교사나 사서에게 기념사진도 부탁한다. 아이와 찍은 사진은 학부모에게 전달될 것이고, 아이들은 집에서 작가와 작품 등에 관해 부모와 더 많은 이야기를 나누게 될 것이다. 작가와의 만남 소식이 가정에까지 널리 전파되는 셈이다.

한정된 시간 안에 많은 아이에게 사인을 하려면 사인하는 속도도 아주 빨라야 한다. 단순한 사인보다 자신의 작품과 관련된 캐릭터나 그림을 그려 주면 더 좋아해서 이따금 담임교사로부터 사인 요청을 받기도 하고, 심지어 담임교사나 사서가 결석 학생들에게 전해 줄 책이나 사인지를 가지고 오기도 한다. 모두 즐거운 일이 아닐 수 없다.

사인회는 작가와의 만남 행사에서 아주 즐거운 시간이다. 아이들은 물론 교사나 사서도 기대를 많이 한다. 내가 해 주는 사인이 헤밍웨이나 제임스 딘의 사인과는 비교할 수 없겠지만, 작가 사인회는 그 자체로 아이들은 물론 학교 담당자에게도 즐거움과 행복을 가져다 준다. 내가 작가와의 만남 행사에서 사인회를 소홀히 않는 까닭이 바로 그 때문이다.

아이들 마음의
빗장을 열자

　수도권의 한 초등학교에서 3학년 다섯 학급을 대상으로 작가와의 만남 행사를 할 때였다. 시청각실은 130명의 아이들로 꽉 찼고 맨 뒤에는 담임교사들이 앉아 있었다. 늘 그렇듯 나는 아이들에게 복사 용지(A4) 두 장과 색사인펜을 준비하도록 했다. 아이들은 내 질문에 손을 들어 종이에 포인트를 적어 갔다. 곧 아이들이 강연 분위기에 빠져들기 시작했다. 아이들이 신이 나면 강연자도 덩달아 목소리가 커지기 마련이다. 그때 한 교사가 담당 사서에게 귓속말하는 장면이 눈에 들어왔다. 객석 옆에 있던 사서는 이후 몇 번이나 교사의 손짓에 따라 가까이 다가갔고 교사는 귓속말로 뭔가를 계속 속삭였다. 그런 행동이 반복되면서 나도 괜히 신경이 쓰이기 시작했다.

　강연을 마치고 담당 사서로부터 전말을 들을 수 있었다. 그 교사는 복사 용지는 왜 나눠 주어야 하느냐, 왜 색사인펜을 가져오게 해서 바닥에 떨어뜨리게 하느냐(사실 시청각실에서 강연을 하다 보면 신경 쓰이는 부분이다. 시청각실의 의자는 고정식이고 앞뒤 간격이 매우 좁아서 바닥에 떨어진 물건을 주우려면 아이들이 여간 곤혹스러운 게 아니다. 두꺼운 외투를 입고 있는 겨울철에는 말할 것도 없다. 부장 교사의 지적이 전혀 근거 없는 건 아니다), 사인회를 왜 강연 마치고 하지 않고 중간에 하느냐는 등 지적을 하였다고 한다. 심지어 왜 잘한 아이들에게 선물을 주어야지, 왜 못하는 아이들에게 선물을 주느냐는 이야기까지 나왔다는 것이다. 다 틀린 말은 아니다.

　우리나라 공교육에서 가장 안타까운 건 여전히 정답 하나만을 고르는 방식이다. 미리 정해 놓은 정답 딱 하나 이외에는 모두 틀린 것으로 간주한다. 어찌 문항 네 개 또는 다섯 개 가운데 딱 하나만 정답이 될 수 있을까? 이 하나의 정답 때문에 아이들의 생각과 상상력이 억압될 수 있다. 유연하게 작동되어야 할 뇌가 반강제적으로 하나의 정답을 향해 일사불란하게 움직인다. 유연하게 생각하지 못하는 아이들은 이런 과정을 통해 만들어지지 않을까 싶다.

과거 70년대, 80년대에는 일방적, 강제적 주입식 교육이 완전히 장악했다. 정답을 맞히지 못하면 낙제했고, 교실에서 교사에게 야단맞거나 중고등학교에서는 매를 맞기도 했다. 고등학교 때 한 영어 교사는 일본 도쿄대 영어시험 중 어려운 문제를 칠판에 써 놓고 한 명씩 물어 보았다. 정답을 맞히지 못하면 가차 없이 주먹을 날렸다. 70명이나 되는 학생들이 모두 한 대씩 얻어맞고 나면 쉬는 시간 종이 울리고, 학생들은 그때서야 공포에서 벗어날 수 있었다. 그때도 정답은 딱 하나였다. 그런 식으로 공부하고 시험 보고 좋은 대학 들어가서 대기업에 들어가는 게 일종의 목표였다. 그게 모범이었다. 부모들은 그게 꿈이었다. 학교는 목표를 달성하기 위해 오로지 정답 하나를 잘 찾아내는 일에 몰두했던 것이다.

학교에서는 시키는 대로 정답을 잘 맞히는 아이가 무조건 칭찬받았다. 교사는 그런 모범생과 비교하면서 다른 아이들을 매질했다. 한번은 국어교사가 한 학생을 체벌하기 시작했다. 이유는 딱 하나였다. 국어 시간에 학생이 그림을 그리고 있었다는 것이다. 학생은 교사에게 좌우 스트레이트를 얻어맞으며 통로를 몇 번이나 왕복했다. 계속 얻어맞던 학생은 더 피할 곳이 없었다. 그 작은 몸으로 교사를 있는 힘을 다해 밀어 버렸다. 교사는 엉덩방아를 찧으며 넘어졌고 학생은 뒷문을 열고 도망쳐 버렸다.

구경하던 우리들은 공포에 휩싸였다. 그 사건이 있은 뒤부터 교사는 더 이상 체벌하지 못했다.

세상은 변했다. 변해도 완전히 변했다. 오래전 독일에서 몇 달을 보낸 적이 있는데, 뮌헨 인근 무르나우Murnau라는 소도시의 한 초등학교를 방문할 기회가 있었다. 그때 독일 아이들이 수업하는 장면을 보고 큰 충격을 받았다. 내가 겪은 학교 공부와는 차원이 달랐기 때문이다.

"답이 뭐니?"

우리 아이들이 학교에서 교사들에게 듣는 말이다. 독일 학교에서는 이와 달랐다.

"너희들 생각은 어때? 한번 이야기 좀 해 볼래?"

교사는 끊임없이 생각과 이유를 묻고 또 물었다. 딱 하나의 정답이 지배하던 세상에 살던 나는 놀라지 않을 수 없었다. 그때 나는 저들이 왜 객관식의 문제를 풀지 않고 아이들의 생각을 묻는지 궁금했다.

독일 교사는 뒤에 서 있던 내게 질문을 던졌다. 한국에는 특별한 동물이 있느냐고 말이다. 내가 한국에 반달곰이 있다고 말하자 아이들의 질문이 쏟아졌다.

"반달곰은 어떻게 생겼나요?"

"어디서 살아요?"

"무엇을 주로 먹나요?"

"서로 경쟁하는 동물이 있나요? 있다면 어떤 동물인가요?"

"반달곰의 천적이 있나요?"

아이들이 계속해서 질문을 퍼부었다. 반달곰에 대해 잘 몰랐던 나는 대답을 지어내느라 식은땀을 흘려야 했다. 질문하고 생각해서 대답하고 또 질문하는 식의 교육을 못 받아 본 나로서는 짧은 시간이지만 곤혹스러웠다.

언젠가 독일에 사는 친구 집에 들렀다. 아이들이 초등학교에 다니고 있을 때였다. 두 딸은 뭐든지 느렸다. 책 읽는 속도도 느리고, 수학 문제 하나를 푸는 데도 시간이 오래 걸렸다. 옆에서 보니 답답할 정도였다. 친구에게 물어 보니 독일 교육은 우리처럼 뭘 빠르게 하는 게 없다고 한다. 시간이 걸려도 스스로 문제점을 찾고 해법을 얻어내는 방식으로 공부한다는 말이었다. 그 집 아이들은 누가 봐도 간단하고 쉬운 수학 문제 하나를 놓고 저녁 내내 끙끙거리고 있었다. 그런데 그게 문제가 아니었다. 사실 문제는 우리에게 있었다. 독일 학교에서는 수학 시간에 공식을 주지 않는다고 한다. 수학 시간에 공식이 없다니! 우리로서는 상상도 되지 않는 일이다. 공식이 주어지지 않으니 독일 아이들은 머리를 싸매고 문제를 풀어야 하는데, 따지고 보면 문제를 푸는 게 아니라 공식을 만들어 내는 것과 다를 바가 없었다.

세월이 흘러 친구의 딸들이 대학을 들어갔다는 말을 들었다. 두 딸은 어느덧 독일에서 소아과의사와 치과의사가 되었다. 어렸을 적에 무엇 하나 서두르지 않았고 매사에 나무늘보처럼 느리게 살아왔지만, 자녀들은 독일인들도 부러워하는 의료인으로 성장해 있었다. 중요한 건 유연한 생각과 상상이었다. 사고와 통찰의 힘이었다. 속도 따위는 독일 교육에서 전혀 문제가 되지 않았다. '빨리빨리'와 오로지 대학입시에만 매몰되어 있는 우리로서는 어쩌면 수십 년이 지나도 흉내조차 낼 수 없을 것 같다.

2016년의 노르웨이에서 있었던 일이다. 노르웨이 중남부 하르당에르비다 고원에서 323마리의 순록이 몰사한 일이 벌어졌다. 천둥 번개가 치던 날 순록들이 언덕 위에서 낙뢰를 맞아 모두 동시에 감전사한 것이다. 놀라운 건 노르웨이 당국이 순록의 사체를 그대로 방치하기로 결정했다는 점이다. 반발 여론이 거셌다. 그 많은 순록 사체에 쥐가 들끓으면 쥐가 무한 번식할 것이고, 그렇게 되면 생태계가 파괴될 거라는 논리였다.

그러나 결국 당국은 순록 사체를 그대로 자연에 방치하기로 했다. 4년이 지났다. 그 지역 생태계 조사 결과는 충격적이었다. 생태계는 전혀 파괴되지 않았고 멀쩡했다. 순록들의 사체가 썩으면서 벌레가 들끓었고 쥐가 번성했다. 하지만 쥐가 늘어나면서 그 쥐들을 잡아먹으려고 맹금류가 나타났다. 또 작은 맹금류를 잡아먹으려고 더 큰 포식자들이 등장했다. 먹이사슬이 새롭게 작동한 것이다.

만일 우리나라 같았으면 어떻게 했을까? 노르웨이 당국처럼 자연 방치가 가능했을까? 우리는 조류독감이나 구제역이 한번 돌아도 멀쩡한 가축들을 수만 마리씩 생매장해 버린다. 생매장에 따른 환경오염과 생태계 문제에 대해서 한 번도 고민하지 않았다. 전염병이 돌면 우리가 취했던 방식은 오로지 하나뿐이다. 땅을 파고 묻어 버리기. 객관식 문제에 정답이 하나이듯, 우리 사회도 그렇게 돌아가고 있는 셈이다.

심리학자 앤절라 더크워스는 미국 웨스트포인트(우리의 육군사관학교)에 재학 중인 생도들을 대상으로 연구를 했다. 미국 웨스트포인트는 입학하기가 하늘의 별따기다. 입학을 위해서는 고등학교 성적이 아주 뛰어나야 하고 상·하원의원이나 부통령급의 추천서를 첨부해야 한다. 1차로 1만4,000명이 지원을 하고, 그중에서 서류전형으로 약 4,000명을 뽑는다. 그걸로 끝나지 않는다. 다시 학업성적과 체력 기준을 통과한 2,500명을 추린 다음, 마지막으로 1,200명만이 입학 허가를 받는다. 그런데 그렇게 치열한 경쟁을 뚫고 입학한 생도들 다섯 명 중 한 명이 졸업 전에 중퇴한다. 더크워스가 관심을 기울인 건 바로 입학 첫해의 중도 탈락이었다. 상당수의 생도가 첫해에 진행되는 집중 군사훈련

기간에 포기한다는 사실이었다. 더크워스는 왜 그렇게 치열하게 준비해 온 웨스트포인트를 단 두 달 만에 그만두는지를 연구한 것이다. 여름 집중 군사훈련은 혹독하기로 악명 높긴 하지만, 대체 생도들이 포기한 이유는 무엇일까? 생도들이 중도 포기한 이유는 능력과는 상관없었다. 생도들은 능력과 재능이 부족해서 중퇴하는 게 아니라, 최악의 상황에서도 절대 포기하지 않는 태도, 즉 '그릿Grit'과 관련이 있었다는 점이다.

나는 작가와의 만남 행사 중 강연이나 체험활동을 하면서 단 한 번도 명쾌한 답을 요구하거나 멋지고 아름다운 그림 또는 만들기 결과물을 바라지 않는다. 대신 '지금까지 한 번도 보지 못한 새롭고 특이하고 엉뚱해서 내가 깜짝 놀랄 만한 작품'을 그려 달라고 주문한다. 또 중간에 그만두지 않도록 격려하고 칭찬해 준다. 어떤 일을 포기하지 않고 끝까지 마무리하는 것은 정말 중요하기 때문이다. 천사 점토로 만들기 할 때도 마찬가지다. 상상력을 발휘해서 놀라운 작품을 만들라고 강조한다. 그 말은 계속해서 재방송하듯 되풀이한다. 그런 말을 하면 아이들은 고개를 갸우뚱거린다. 처음에는 반신반의하다가 강연자의 주문이 사실이라는 걸 알아차리면 아이들의 얼굴이 환해진다. 세상에, 내 마음대로 그리거나 만들 수 있다니! 평소 교실에서 잘 못 하는 아이들도 부담이 없으니 신나게 그리거나 만든다. 체험활동이나 미션을 내주면 놀라운 작품이 많이 나온다.

예컨대 상상력을 발휘하여 새 부리를 그려 보라고 하면 아이들은 별 모양이나 피자 모양의 새 부리를 그리기도 하고 부리 위에 정원이나 공원을 그려 넣기도 한다. '웜뱃'(그림책 『숲속의 어느 날』에 등장하는 주인공 캐릭터)이 판 땅굴 세상을 보여 주며 자신들이 상상한 땅속 세상을 그려 보라고 주문한다. 아이들이 상상한 땅속 세상에는 기차도 다니고 버스도 다닌다. 심지어 비행기도 날아다닌다. 아이들은 기존에 갇혀 있던 벽을 마음껏 깨 버리는 것이다. 더 놀라운 건 학교에서 뒤처지거나 평소 아이들과 어울리지 못한 채 늘 그늘에서 살아왔던 아이들이 의외의 기량을 발휘한다. 막상 뽑아서 시상할 때 놀라운 일이 벌어진다. 무대 앞으로 나온 아이들은 평소에 잘 드러나지 않았다. 그들의 능력이 잠재적 상태로 있었고, 평소 학교에서는 드러날 기회가 없었던 것이다.

아이들에게 새로운 작품을 그려 보게 하거나 만들어 보게 하는 건 정말 흥미로운 일이다. 되도록 어떤 제한을 두지 말자. 예쁘고 아름답게 그리거나 만들어 보라고 하지 말자. 아이들이 마음껏 상상하고 새로운 것 또는 엉뚱한 작품을 만들어 내도록 하자. 나는 평소에 더 놀라운 아이디어가 떠오르면 강연 현장에서 꼭 써 본다. 작가와의 만남이라는 한정된 시간 안에서 아이들이 자신의 숨은 역량이나 능력을 마음껏 발휘하려면 마음의 빗장을 열어 두어야 한다. 아이들은 우리가 상상하지 못하는 세계를 보여 준다. 설령 기대한 결과가 나오지 않더라도 실망할 게 없다.

작가와의 만남에서 아이들에게 더 멋진 장場을 펼쳐 주기 위해서는 새로운 정보도 끊임없이 찾아야 한다. 우리나라뿐 아니라 외국에서 움직이는 발 빠른 정보도 들여다보아야 한다. 좋은 사례나 놀라운 정보가 있으면 뒤집어 보고 분석해 봐야 한다. 어떤 현상이나 사례를 다른 각도에서 보는 시도도 필요하다. 아이들과의 만남이라고 해서 쉬운 게 아니다. 우리 강연자가 먼저 세상의 빠른 움직임을 분석하고 연구해야 한다. 물론 언제든 제일 중요한 가치는 아이들의 잠재력과 숨은 역량을 이끌어 내는 일이다. 그러려면 아이들 마음의 빗장을 열도록 해 주어야 한다. 그것도 아이들 스스로.

처참히 깨진 강연에서 배우는 지혜

강연을 시작한 지 얼마 안 되었을 때의 일이다. 어린이날을 맞아 파주출판단지에서 열린 '어린이책잔치'에 강연 섭외를 받았다. 강연장은 파주출판단지 이채 쇼핑몰 안에 있는 극장이었다. 출판단지 행사장 주변은 아침부터 사람들로 북적였다. 그야말로 인산인해였다. 강연장에 들어서니 예상과 달리 객석에 아무도 없었다. 처음에는 강연장을 잘못 찾아왔나 싶어 다시 나가 보았다. 입구에 행사를 알리는 배너가 걸려 있었다. 틀림없이 내 행사장이었다. 잠시 후 행사 담당자가 왔다. 그는 관객들이 곧 올 것이니, 걱정하지 말라며 나를 안심시켰다. 행사장에 들어가 강연 준비를 했다.

강연 시간이 되었을 때 극장 안에는 세 사람이 앉아 있었다. 관객을 더 기다리느라 강연을 10분 뒤에 시작했지만, 행사 관계자가 거리 모객을 해서 데리고 온 한 가족 이외에 더 이상 오지 않았다. 극장 안에는 아이를 포함해서 모두 여섯 명이 앉아 있었다. 인사를 하고 강연을 시작하려는데, 한 사람이 고개를 갸웃거리더니 밖으로 나갔다. 아마도 별 볼 일 없다고 판단한 것 같았다. 한둘이 더 들어와도 모자랄 판에 강연장 분위기는 초장부터 김이 빠져 버렸다. 어깨에 힘이 빠지고 다리가 후들거렸다.

"생태동화를 쓰고 있습니다."

인사말을 하고 객석을 둘러보니 시커먼 바다처럼 보였다. 참석자들은 띄엄띄엄 앉아 시선을 어디에다 두어야 할지 난감했다. 목소리가 시작부터 기어들어 갔다. 생태 관련 영상을 보여 주며 이야기를 풀어 갔다. 강연은 한 시간 정도 진행되었는데, 내가 무슨 이야기를 했는지 모를 정도였다. 중간중간에 질문을 던져 보았지만, 참석자들은 요지부동이었다. 그나마 초등학생 1학년 아이가 손을 들어 질문해 주지 않았더라면 강연은 더 처참해졌을 것이다.

수도권지역의 한 초등학교에 갔을 때 일이다. 강연장은 체육관이었다. 4학년 전체가 모이는 행사로, 200명이 넘는 대인원이었다. 담당 교사의 소개에 이어 무대에 올랐다. 사실 무대에 올랐다고 표현하지만, 나는 여간해서는 높은 무대에 올라가지 않는다. 무대에 올라서는 순간 강연장의 분위기는 위압적으로 바뀌기 때문이다. 아이들 입장에서 보면 안 그래도 낯선 어른이 서 있는데, 무대 위로 올라간다면 어떻게 될까? 아이들은 고개를 쳐들어야 하는 꼴이다. 아이들과 강연자 사이의 거리감도 더 멀게 느껴질 것이다. 하나도 좋을 게 없다. 특별히 구조적인 이유 때문에 무대에 올라서야 하는 상황이 아니라면, 아이들이 앉아 있는 무대 아래에서 강연한다. 심지어 북콘서트를 할 때 피아니스트나 성악가도 무대에 올리지 않는다. 눈높이를 맞추기 위해서다. 아무튼 무대에 자리를 잡고 인사를 건넸다.

"얘들아, 안녕!"

"네!"

내가 인사하자, 아이들이 우렁찬 목소리로 대답했다. 그 순간 뭔가 이상했다. 내 목소리가 제대로 전달되지 않고 있었다. 스피커의 노이즈가 심했다. 10여 분 이야기를 하다 보니 몇몇 아이들 시선이 나를 향하고 있지 않았다. 한눈을 팔거나 체육관 바닥을 내려다보고 있었다. 시간이 가면서 아이들의 집중력이 떨어지고 있었다. 이번에는 멀쩡하던 빔 프로젝트까지 문제를 일으켰다. 머피의 법칙이 작동하는 것 같았다. 빔 프로젝트는 지지직거리더니 이내 작동을 멈추었다. 교사들이 달려왔다. 이리저리 손을 대 보았지만, 작동되지 않았다. 기어이 컴퓨터 담당 교사가 연락을 받고 뛰어왔다. 그의 손도 소용이 없었다(사실 강연장의 여러 장치, 즉 컴퓨터와 빔 프로젝트, 음향 등은 전문가의 영역이다. 숙련된 전문가가 다루어야 하는 일이다. 학교에서는 담당자를 두기는 하지만 일선 교사들이나 교무실 행정사무원이 그 일을 맡는다. 그들의 이야기를 들어 보면 어려운 전문 장비를 다루느라 스트레스를 많이 받는다고 한다. 이런 전문교육을 따로 연수하는 것도 필요하다고 본다). 시간이 흘러갔다.

강연이 중단되자 아이들이 잡담을 나누기 시작하거나 장난을 쳤다. 안 그래도 음향기기 때문에 힘든데, 빔 프로젝트까지 말썽을 부리니 그야말로 설상가상이었다. 빔 프로젝트는 먹통 상태에서 회복되지 못했다. 피피티 없이 그냥 강연을 시작했다. 스크린에 영상이나 피피티를 띄워 놓고 강연하던 때여서, 자료화면 없이 강연하는 게 쉽지 않았다. 일단 10분간 휴식 시간을 갖기로 했다.

강연을 재개했다. 강연자가 아이들을 집중시키지 못하는 상태가 지속되니까 여기저기서 아이들이 소곤거리고 있었다. 여러 군데서 잡음이 나오니 마이크를 통한 내 목소리 전달은 최악이었다. 소리 전달이 잘 안 되는 것 같으면 목소리가 커지기 마련이다. 목소리를 높여 고래고래 소리 지르며 강연을 했다. 목이 따끔

거리고 아파 왔지만, 그건 문제가 안 되었다. 아이들이 내 이야기에 집중하는 게 더 절실했다. 결국 마이크를 내려놓고 생목소리로 이야기를 풀어 갔다. 대인원을 앞혀 놓고 생목소리로 강연하는 건 끔찍한 일이었다. 소리는 들리지만, 뒤쪽에서는 제대로 전달이 될 리 만무했다. 목에서 피가 터지는 기분이었다. 그날 강연을 마치고 차에 오르자마자 거의 졸도할 지경이 되었다. 강연은 망했지만, 실망할 힘도 없었다. 어찌나 소리를 질렀던지 입에서는 단내가 났다.

내 강연 최악의 흑역사는 지방의 한 초등학교에서 벌어졌다. 1·2교시에 저학년을, 3·4교시에 고학년을 대상으로 강연을 했다. 체육관에 들어서니 저학년 아이들이 입장했다. 150명이나 되었다. 일찍 도착해서 무대 중앙에 내 전용 앰프를 설치하고 객석 양쪽에 스탠드 스피커 두 개까지 세웠다. 대인원에 대한 준비를 철저하게 했다.

곧 강연이 시작되었다. 첫 마디에 아이들 반응이 시큰둥한 것 같았다. 적잖은 아이들이 눈만 껌뻑거리면서 내 얼굴을 쳐다보았다. 15분쯤 지났는데도 아이들은 강연의 분위기에 빠지지 않았다. 이상한 일이었다. 서둘러 작전을 바꾸었다. 그림그리기 미션을 시작했다. 아이들이 그림을 그리고 있는 동안 뒤에 있던 교감선생님에게 물었다. 놀라운 대답이 돌아왔다. 절반에 가까운 아이들이 다문화 아이들이었다. 사실 다문화 아이들은 요즘 어디에 가도 만난다. 강연 중 다문화 아이들이 말귀를 좀 못 알아듣는 일이 있고 문해력도 떨어진다는 사실은 잘 알고 있었다.

"우리말을 잘 알아듣지 못하는 아이들입니다."

"아니, 뭐라고요?"

그런 이야기를 사전에 듣지 못한 나는 벌린 입을 다물지 못했다.

"이곳 아이들은 좀 심각해요."

"대체 그게 무슨 말씀인가요?"

그곳은 공단지역이었다. 다문화 아이들이 많이 유입되는데, 대부분 러시아계나 몽골계였다. 문제는 말이 다문화지, 다른 지역에서 공부하는 아이들과는 차원이 달랐다. 한국어에 익숙지 않은 아이들이 대부분이었다. 읽거나 쓰기가 힘든 상태였다. 사실상 한국어를 처음 익히는 외국인 아이들이나 마찬가지였다. 체육관에 와 있는 다문화 아이들은 한국어를 거의 하지 못하는 상태였다. 여기저기서 러시아어로 떠드는 아이들도 보였다. 몽골 출신 아이들은 한마디도 알아듣지 못하는 몽골어로 떠들고 있었다. 아이들은 절반은 이 지역 아이들이니 강연을 들을 수 있었지만, 절반은 내 이야기가 외계어로 들릴 게 뻔했다. 전체 아이들의 절반을 버리고 이야기를 할 수는 없는 일이었다. 학교 측에 긴급히 전략을 바꾸겠다고 밝혔다.

그림그리기 미션 결과를 발표하고 시상을 마친 다음 '코알라 달리기대회'(놀이 방법은 3부에서 자세히 소개했으니 참고하시길)를 열었다. 아이들이 쏟아져나왔다. 말귀를 못 알아듣는 러시아계, 몽골계 아이들에게 손짓 발짓을 해가며 설명해 주었더니, 나머지도 우르르 뛰어나왔다. 다문화 아이들은 우리나라 아이들보다 대개 스스럼없었다. 우리 아이들보다 더 웃기게 코알라 달리기를 연출해 주었다. 체육관에 모인 아이들이 깔깔거리고 웃고 몇몇 아이들이 배꼽을 쥐고 뒹굴었다. 상황이 역전되었다. 3·4교시 2부의 고학년 아이들에게도 강연 대신 그림그리기 체험활동을 했다. 고학년 아이들에게는 고무보트 부풀리기 대회를 열었다. 야생 오리들이 깨어난 둥지를 찾아가는 대목인데, 물이 깊어 학교에서 내준 고무보트에 바람을 넣는 장면을 연출하는 미션이었다. 강연은 거의 포기한 채 체험활동과 미션으로 행사를 마무리한 것이다. 강연 대상에 대한 정보를 미리 챙기지 못하여 귀한 강연 시간을 알차게 채우지 못한 아쉬움이 여전히 뼈아픈 경험이었다.

한국전쟁 때 중공군이 개입하면서 유엔군과 국군은 후퇴를 거듭했다. 미국 해병대는 북한지역 장진호에서 중공군과 교전을 하고 있었다. 중공군 숫자가 어찌나 많은지 박격포 포탄이 떨어지고 말았다. 무전병이 보급부대에 포탄을 요청했다. 이튿날 긴급하게 포탄이 긴급 수송되어 왔다. 포병들이 반갑게 탄약상자를 뜯는 순간이었다. 병사들은 경악했다. 그건 포탄이 아니라, 캐러멜이 든 상자였다. 당시 무전병이 '투씨 롤'Tootsie Roll을 긴급 요청한다고 무전을 보냈는데, 투시 롤은 당시 박격포탄을 가리키는 음어陰語였다. 그런데 보급부대 무전병이 그걸 잘못 알아듣고 진짜 '캐러멜 투씨 롤'을 보낸 것이었다. 포를 쏴야 하는데, 미군들은 캐러멜을 까먹어야 했다. 기가 막힌 상황이었다.

하지만 그날 놀라운 일이 벌어졌다. 강추위가 몰아쳐서 섭씨 영하 35도까지 내려간 것이다. 강추위 때문에 인해전술 중공군도 공격을 중단할 수밖에 없었다. 교전은 완전히 중단되었다. 날씨가 얼마나 추웠는지 보급품 통조림 음식도 모두 얼어 버렸다. 통조림은 어찌나 꽁꽁 얼었던지 얼음이 되고 말았다. 그때 반전이 일어났다. 반전의 주인공은 바로 투씨 롤이었다. 캐러멜은 얼지 않은 것이다. 해병대원들은 캐러멜을 씹어 먹으며 배고픔을 견딜 수 있었다. 투씨 롤은 총알을 맞아 깨져 버린 장비를 때우는 데도 안성맞춤이었다. 실수로 보급된 투씨 롤이 되레 부대원들을 살리고 장비 수리에도 도움이 된 것이다. 장진호의 투씨 롤 보급 사건은 전화위복의 예다. 또 어떤 일이든지 부정이 있으면 긍정도 있다는 걸 잊지 않게 되었다. 그건 강연에서도 마찬가지다.

모든 강연을 만족스럽게 할 수는 없다. 최선을 다할 뿐이다. 강연 현장에서는 언제든지 돌발상황과 복병이 나올 수 있다. 이채 쇼핑몰 극장 강연처럼 관객 동원이 잘 안 될 경우도 얼마든지 발생한다. 대형 행사일수록 '노쇼'라는 최악의 상황까지도 대비해야 했다. 대인원일 경우와 소인원일 경우 대응 방식은 전혀 다르다. 둘을 다 겸비하고 준비해야 한다. 음향 장치 때문에 곤욕을 치르는 건 각오해야 한다. 요즘은 좀 나아지고 있지만, 여전히 많은 학교 음향이 만족스럽지 못한 게 사실이다(이건 전국 교육청에서 대대적으로 점검해 볼 필요가 있다. 학교에 따라 아주 비싸고 훌륭한 음향 장치가 설치되어 있는데, 그걸 제대로 활용하는 학교는 아주 드물다. 또 장비 관리자에 대한 연수나 교육도 절실하다. 음향은 단순히 소리를 전달하는 데 그치지 않기 때문이다). 빔 프로젝트도 말썽을 부릴 때가 있다.

강연 중 문제가 생겨 중단되면 이야기의 맥이 끊어지고 분위기가 완전히 가라앉는다. 한번 가라앉은 분위기를 다시 띄우려면 시간과 에너지가 필요하다. 그럴 때를 대비해서 피피티 없는, 이른바 '맨입' 강연안도 준비해야 한다. 학교 강연자는 자료화면 없이 적어도 80분 또는 최장 120분을 혼자 이야기할 수 있어야 한다. 지방의 학교 사례는 내게 교훈을 남겼다. 사전에 학교 상황을 면밀하게 물어 보았어야 했다. 다문화 아이들이 있다는 얘기는 미리 들었지만, 그 정도일 것이란 상상을 못 했다. 미리 충분한 정보를 얻었다면 다문화 아이들까지도 참여할 수 있도록 눈높이를 낮춰 이야기를 하든지, 아니면 작품과 관련된 미니 역할극을 준비했을 것이다.

만족하지 못하고 학교를 나올 때는 어깨에 힘이 쭉 빠지고 다리에 모래주머니를 찬 것처럼 발걸음을 옮기기도 힘든 상태가 된다. 실패한 사례에 대해 변명의 여지는 있지만, 강연의 최종 책임은 어디까지나 강연자다. 좋지 않은 결과가 나오면 빠르게 입소문을 타고 퍼져나간다. 늘 그렇듯, 좋은 일은 소문나는 데 몇 달 걸리지만, 나쁜 일은 반나절이면 지구 반 바퀴를 돈다. 물론 퍼져나가면서 그 고약함은 눈덩이처럼 불어나기 마련이라는 걸 명심해야 한다.

강연자를 위한 강연 FAQ | 06

강연의 성패를 좌우하는 장비를 하나 꼽는다면?

강연에서 음향 장치는 절대적입니다. 음향 장치는 마이크와 앰프, 스피커 등으로 구성되는데, 시청각실이나 체육관 등 큰 공간에서 강연할 때는 성패를 좌우할 만큼 중요합니다. 특히 공간이 매우 넓고 천장이 높은 체육관에서의 강연은 음향 시스템이 좌우한다고 볼 수 있습니다. 나는 '강연에서 음향이 9할'이라는 말을 공공연하게 합니다. 만일 음향 장치가 제대로 갖추어져 있지 않다면 강연은 자칫 '폭망'할 수도 있기 때문입니다.

세계적인 팝페라 가수인 영국의 사라 브라이트만의 연말 공연을 보았습니다. 공연장에는 약 1,500명의 관객이 모였습니다. 1층에 1,000명, 2층에 500명 정도가 앉아 있었습니다. 공연장은 끝이 안 보일 만큼 넓고 천장은 높았지요. 브라이트만이 무대에 올라 노래를 하는데, 아름다운 노래 선율이 그대로 전달되었습니다. 스피커를 통해 울려 퍼지는 노랫소리는 단순한 노래가 아니라, 가수의 섬세한 감정이 담긴 채 울려 퍼졌습니다. 세계 유명 가수들이 대형 공연을 할 때 왜 음향팀이 따라오는지 그 이유를 알 수 있었습니다. 목소리로 세세한 감정을 전달하는 가수에게 음향 시스템은 그야말로 목숨이나 마찬가지인 셈이죠.

초기 내 학교 강연의 흑역사는 대부분 음향 장치와 관련이 있습니다. 교실이나 시청각실과 달리, 대개 돔 형식의 체육관은 구조상 소리가 울리는 등 강연자에게는 최악의 장소가 아닐 수 없습니다. 좋은 음향 시스템을 갖추어도 구조상 소리 전달이 원활하지 않을 판인데, 학교에 설치한 음향 장치는 보통 5년~10년 또는 그 이상 노후화되어 성능이 크게 떨어져 있는 경우가 많습니다. 하울링Howling(마이크에 입을 대고 어떤 말을 했을 때 스피커를 통해 그 소리가 크게 증폭되어 나오는데, 청중을 향해 날아가던 소리의 일부가 방향을 잘못 잡아 마이크로 다시 유입되어 "삐이~" 하는 노이즈를 일으키는 현상을 말한다. 이 현상은 무한 반복되어 찢어지는 듯한 노이즈를 계속 발생시킨다)이 심해서 강연을 제대로 못 한 적도 있습니다.

음향 장치가 제대로 작동되지 않으면 큰 소리를 내야 해서 성대에도 손상이 옵니다. 강연을 계속하는 사람에게는 치명적이죠. 내가 일찌감치 음향 장치를 구매해서 차에 싣고 다니는 이유가 바로 그 때문입니다. 학교 체육관에서 작가와의 만남 행사를 하면 제일 먼저 학교 음향 시스템을 확인합니다. 만일 음향 상태가 좋지 않으면 즉시 내 장비를 꺼내어 설치합니다. 내 음향 장치가 있으니까 언제, 어디서든 내 목소리를 균일하게 낼 수 있습니다. 이건 어떤 상황에서도 최악의 상황을 피할 수 있다는 뜻입니다. 교실이나 학교 도서실에서 강연할 때도 앰프를 사용합니다. 이때는 작은 용량의 소형 앰프를 씁니다. 인원이 적더라도 생목소리를 사용하지 않는 게 원칙입니다. 성대를 보호한다는 목적도 있지만, 마이크에 또 다른 장점이 있기 때문입니다. 마이크는 소리를 증폭시키는 효과도 있지만, 다양하고 재미있는 효과를 낼 수도 있습니다. 학교 강연을 본격적으로 하려는 작가에게 꼭 말합니다. 음향 장치부터 확보하라고 말이죠. 전용 앰프를 써 본 강연자는 내게 말합니다.

"다시는 앰프 없는 과거로 돌아가지 못할 거예요."

3부

청중을 알아야 강연이 즐겁다!

학교 강연 청중의 이해

성공적인 강연을 위해서는
청중의 특성을 잘 이해해야 한다.
나는 강연을 마치면 담임교사와
많은 이야기를 나눈다.
주로 내가 질문을 많이 한다.
지역마다, 학교마다 다 똑같지는 않지만,
공통으로 나타나는 특성이 있다.
그걸 찾아내고 분석해야 눈높이를 맞출 수 있다.
과녁이 어디에 있는지를 알아야 제대로 활을 쏠 수 있다.
과녁을 보지 않고 활시위를 당길 수는 없기 때문이다.

가장 자기중심적인 청중, 유치원생

초등학교 강연을 하다 보면 이따금 유치원에서도 섭외가 들어온다. 병설유치원(중고등학교에도 병설될 수 있지만, 병설유치원은 주로 초등학교에 있다. 학교장이 원장을 겸한다)에서 연락이 오기도 하고, 공립 단설유치원(유치원만 단독으로 설립된 형태의 유치원으로, 공립 단설유치원은 행정, 사무와 원아 모집 등을 단독으로 집행, 결정, 처리한다. 공립 단설유치원은 대개 규모가 크고 초등학교 교장의 지휘를 받는 병설유치원과 달리, 지역 교육지원청의 지휘를 받는다)에서도 섭외가 들어오기도 한다. 유치원에서 연락이 오는 건 대개 초등학교 1학년 강연에 대한 평가를 전해 들었거나 누군가로부터 소개나 추천을 받은 경우다.

작가와의 만남은 대개 만 6세반인데, 초등학교 1학년과 몸집은 좀 비슷하지만 실상은 상당히 다르다. 아이들의 자기중심적인 특성이 초등학교 1학년보다 더 심하다. 게다가 대근육이나 소근육 발달도 1학년과는 차이가 느껴진다. 처음 유치원 강연 갔을 때 피피티를 써 보았는데, 그다지 효과적이지 않았다. 그 뒤부터 유아들에 대한 발달과정, 언어와 신체 특징, 사회관계, 학습과 관련한 자료를 찾아보면서 무엇을 어떻게 해야 할지 공부를 시작했다.

그 결과 요즘은 유치원에 갈 때 커다란 북극곰 인형 하나 달랑 들고 들어간다. 아이들은 대개 바닥에 앉아 있다. 아이들 앞에 서서 곰 인형을 들어 보인다.

"이게 뭐지?"

"곰이요."

아이들이 우렁차게 대답한다.

'킁 킁 킁 킁.'

킁킁거리는 소리를 내며 아이들에게 묻는다.

"이 곰이 킁킁거리며 냄새를 맡는 거 같네. 얘들아, 곰은 무엇으로 냄새를 맡을까?"

"코요!"

"오, 정말 잘하는데."

칭찬을 받은 유아들이 우쭐거리는 표정을 짓는다.

이번에는 곰의 똥꼬를 가리킨다.

"여기선 뭐가 나오지?"

"똥이요!"

그때 북극곰의 똥꼬에 코를 들이댄다.

"어, 이거 무슨 냄새지? 아니, 이 녀석이 방귀를…… 얘들아, 곰은 어떻게 방귀 소리를 낼까? 우리 한번 해 볼까?"

"뿡!"

"이런, 아기곰 방귀 소리네. 얘들아, 혹시 엄마곰 방귀 소리도 낼 수 있을까?"

"그럼요! 뿌웅!"

"아니, 엄마곰 방귀소리를 이렇게 잘 내다니, 놀라워. 아빠곰은 소리가 큰데, 할 수 있을까?"

"할 수 있어요! 뿌우우우우웅!"

아이들은 아주 힘차게 소리를 낸다. 아이들은 신이 난다.

"이거 너무 잘하면 안 되는데……."

"잘할 거예요!"

청개구리 작전이다. 유아들이나 초등학교 1학년 아이들은 이 방법이 잘 통해서 종종 잘 써먹는다. 이번에는 북극곰의 귀를 가리키며 묻는다.

"얘들아, 이걸로 뭘 하는 거지?"

"들어요!"

"좋아, 잘했어. 그럼 너희들이 곰보다 잘 들을 수 있는지 한번 해 볼까?"

"모기는 어떻게 소리를 내지?"

"앵앵거려요!"

"좋아. 며칠 전에 태어난 모기를 만났는데, 그 소리 한번 들려줄까? 그런데 소리가 잘 들리지 않을 텐데."

"들을 수 있어요!"

"그렇다면 해 보자."

나는 마이크에 입을 대고 앵앵거리는 소리를 낸다. 아이들이 소리친다.

"들려요!"

"아니, 어떻게 이 작은 모기 소리를 들을 수 있담? 대단한 아이들이네."

"이번에는 어제 태어난 모기를 만났는데, 소리가 너무 작아 이건 듣지 못할 거야."

"아녜요! 들을 수 있어요!"

"정말? 좋아, 한번 해 보자."

손으로 입을 가린 채 마이크에 대고 아주 작은 소리를 낸다.

"애애애앵."

"들려요!"

유아들은 더 크게 소리를 지른다.

나는 옆에 있는 유치원 교사들을 보며 엄지척을 해 보인다. 유아들은 그걸 보며 더 좋아한다. 유아들은 하나같이 뿌듯한 표정이다.

"자, 그럼 마지막으로 딱 하나. 더 해 볼까? 이건 너무 어려워서……. 아냐, 하지 말자. 너무 어렵다고."

"할 수 있어요!"

아이들은 기어이 하고야 말겠다는 의지를 보인다.

"할 수 없군. 좋아, 이 세상 그 어떤 아이들도 들어 보지 못한 소리인데, 너희들이 들어 보겠다니, 한번 해 볼게. 전부 귀 쫑긋!"

이번에는 몸을 돌려 아이들을 보지 않고 마이크에 입을 대는 척한다.

"……."

"들려요!"

이런. 내가 모기 소리를 전혀 내지 않았는데, 유아들은 들린다고 소리친다. 유치원 선생님들이 그 광경을 보며 웃음을 참지 못한다. 정말 귀여운 장면이 아닐 수 없다.

유치원 유아들은 만 6세가 되면서 또래 집단이 형성되기 시작하는 시기란다. 혼자만의 자기중심적인 세계에서 서서히 또래 아이들과 어울린다는 말이다. 초등학교 1학년 아이들처럼 유아들에게도 쉬운 질문을 던지고 자신의 생각을 이끌어 내는데, 병설 유치원생을 포함한 전교생 작가와의 만남을 하다 보면 1학년보다 더 뛰어난 유아가 나오기도 한다.

유아들은 1학년보다 각각의 개인차가 심하게 느껴진다. 유아들은 칭찬해 주면 정말 좋아한다. 하긴 누가 싫어하겠는가, 자신에게 칭찬해 주는 사람을. 청개구리 작전을 펼치며 아이들의 집중력을 높이는 것도 괜찮은 방법이다. 유아들도 체험활동을 하는데, 간단하게 그림그리기를 하도록 한다. 소근육 발달이 덜 된 상태라 시간을 넉넉히 주어야 한다. 만들기보다는 손쉽게 할 수 있는 그리기나 색칠하기 등이 더 나은 것 같다. 그림그리기가 다 끝나면 한 명 한 명씩 그림을 보여 주며 함께 박수를 치고 격려해 주면 좋다.

무엇을 해도 느리고 어설픈
초등 저학년

저학년을 대상으로 작가와의 만남을 할 때면 나도 여간 긴장되는 게 아니다. 지금이야 좀 여유를 가지고 아이들을 만나지만, 10여 년 전만 해도 저학년 아이들을 만날 때면 식은땀이 났다. 아이들이 신나는 반응을 보이지 않을 때면 쥐구멍에라도 들어가고 싶은 심정이었다. 사실 저학년 아이들은 강연자에게만 어려운 게 아니다. 학교에서도 가장 힘겨운 학년이 바로 저학년, 특히 1학년이다. 1학년 담임을 맡았다가 한약 몇 첩을 지어 먹었느니, 심지어 담임을 맡다가 스트레스를 못 견디고 휴직한 교사가 있다는 얘기도 들었다. 저학년 아이들은 정말 만만치 않은 대상이다. 그렇다고 1학년 작가와의 만남 섭외를 피할 수도 없는 노릇이다.

저학년 아이들을 만나는 건 인내심과의 싸움이다. 저학년 아이들을 만나면서 3·4학년 같은 중학년 아이들의 행동을 기대할 수는 없다. 저학년 아이들은 무엇을 해도 느리고 어설프다. 예를 들어 저학년 아이들은 강연장 자리에 앉는 데도 꽤 많은 시간이 걸린다. 교실에서 강연할 때야 문제가 없지만, 만일 비좁은 시청각실에서 행사할 때면 입장하는 데만 5분 이상 걸리고 완전히 자리를 잡고 강연을 시작할 때까지 거의 10분 가량 소요된다.

그걸로 끝나지 않는다. 자리에 앉아 시청각실의 미니 테이블을 펴는 순간부터 방해 요소가 속속 발생한다. 시작도 하기 전에 연필이나 지우개를 떨어뜨린다. 비좁은 고정석에서 그걸 찾아야 하는데, 그게 쉽지 않다. 저학년 아이들은 소근육이 발달하지 못해서 이런 일은 비일비재하게 일어난다. 이렇게 되면 강연 분위기 잡기가 여간 어려운 게 아니다. 체육관에서 100명이 넘는 대인원을 대상으로 강연할 때는 온갖 일들이 다 벌어진다. 접이식 의자에 앉았다가 뒤로 자빠지는 아이들도 나온다. 꽈당하는 소리에 강연이 중단되기도 한다. 깔판을 깔고 바닥에 털썩 앉은 경우에도 문제가 나온다. 등받이가 없으니 자세가 흐트러질 수밖에 없다. 자세가 흐트러지면 몸이 불편해져서 자꾸 움직이게 되고 여기저기서 조금씩 소음이 발생한다. 만일 강연이 재미없다면 아이들의 몸은 연신 뒤틀리고, 그런 현상은 코로나19처럼 빠르게 주변 아이들에게 확산되어 영향을 끼친다.

1학년 강연을 하려면 아이들의 심리를 알아야 한다. 그들의 발달단계의 특성을 이해하는 것이 필요하다. 나는 1학년 강연을 마치면 담임교사와 이야기를 많이 나눈다. 주로 내가 질문을 많이 한다. 지역마다, 학교마다 다 똑같지는 않지만, 공통으로 나타나는 특성이 있다. 그걸 찾아내고 분석해야 아이들의 눈높이를 맞출 수 있다. 과녁이 어디에 있는지를 알아야 활을 제대로 쏠 수 있다. 과녁을 보지 않고 활시위를 당길 수는 없기 때문이다.

아이들은 계속해서 뭔가 조잘거린다. 강연이 시작되기 전, 그러니까 아이들이 자리에 앉기 시작할 때 슬그머니 다가가서 아이들에게 말을 붙인다.

"너무 춥지 않니?"

"안 추워요!"

앞에 있는 아이뿐 아니라 둘레에 있는 아이들도 쩌렁쩌렁 큰 소리로 대답한다.

"책은 좀 읽었니?"

조심스럽게 아이들에게 묻는다. 이건 강연을 시작하기 전의 중요한 정보다. 어쩌면 강연의 성패를 좌우할 수도 있는 현장 정보이기도 하다. 학교에서는 대개 주제 도서를 미리 정해 아이들에게 책을 읽힌다. 한 학기 한 권 읽기라면 몇 달 동안 준비해서 아이들이 충분하게 사전 독서를 할 수가 있다. 하지만 막상 강연 현장에서 아이들을 만나면 모든 아이가 만족스럽게 책을 읽은 건 아니다. 1학년 아이들의 개인차가 큰 탓도 있지만, 강연 섭외를 여유 없이 할 때(학교에서 급하게 일정을 잡는 경우도 왕왕 있다) 사전 독서가 거의 이루어지지 않은 경우도 있다. 아이들이 충분한 독서를 하고 안 하고는 강연의 성패에 적잖이 영향을 끼친다. 만일 독서(저학년, 특히 1학년의 주제 도서는 대개 그림책이다. 하지만 수도권이나 신도시 등지에서는 글밥이 많은 동화책을 주제 도서로 선정하자는 곳이 있다. 그럴 때는 더욱 충분한 시간적 여유를 두고 교사와 아이들이 함께 읽기를 하게 된다. 1학년 아이들의 주제 도서가 꼭 그림책인 건 아니다)가 제대로 안 되어 있다면 강연자는 신속하게 강연의 방향을 수정하거나 '플랜 B'를 발동해야 한다.

학교에서는 1학년 작가와의 만남에 통상적으로 동화작가보다는 그림책 작가를 선호한다. 우선 글밥이 적어 아이들에게 부담이 적은 데다가 그림과 함께 읽을 수 있어서 독서가 비교적 수월하기 때문이다.

"책을 읽어주는데 아이들이 제대로 집중을 안 하더군요."

1학년 강연 갔다가 낭패를 보았다며 푸념하는 작가를 보았다.

아이들에게는 스토리를 길게 이야기해 주거나 장황하게 설명했다가는 쓴맛을 볼 가능성이 크다. 물론 한 학기 한 권 읽기처럼 담임교사가 꼼꼼하게 독서지도를 하고 함께 읽기를 한 경우는 다르다. 교실에서 작가를 만나기 전에 미리 책을 읽고 담임교사가 퀴즈도 만들어 풀고, 작품에 대한 질문을 주고 받은 경우 스토리와 맥락에 대한 이해도가 꽤 높아진다. 그런 경우 작가는 대상이 1학년이라 하더라도 아주 수월하게 강연을 이끌어 갈 수 있다.

실전에서 만나는 1학년 아이들은 여전히 만만치 않다. 무엇보다 아이들의 집중력이 다른 학년에 비해 현저히 떨어진다. 특히 1학년 상반기의 경우, 아이들은 학교에 적응이 잘 안 된 상태이고 이해도 또한 더 떨어진다. 1학년 작가와의 만남이 대체로 2학기에 이루어지는 것도 그 때문일 것이다. 나는 1학년 아이들을 만날 때 책을 읽어 주지 않는다. 또 아이들에게 책을 읽으라고 권하지도 않는다. 전체 스토리를 장황하게 말하지 않는다. 기본 스토리의 맥락만 간단히 알려 주고 나머지 시간은 아이들이 집중하고 몰입할 수 있도록 한다.

2학년 아이들은 그림책 『개똥이의 1945』를 주제 도서로 삼는다. 이 작품은 나의 아버지가 1945년, 즉 해방되던 해의 실제 겪은 이야기를 바탕으로 꾸민 그림책이다. 나라를 빼앗겨서 조선

말을 마음껏 쓰거나 말할 수도 없던 시대였다. 매일 야단치고 벌을 주던 일본인 교장이 있지만, 학교에 유일한 조선인 담임교사가 위기 때마다 백기사처럼 아이들을 구해 주고 도와 준다. 담임은 운동을 해서 체력을 키우는 게 나라를 구하는 지름길이라고 말하며 운동기구를 함께 만들어 직접 보여 준다. 담임은 몰래 조선어책을 보면서 주인공 개똥이에게 빌려 주기까지 한다. 어느 날 일본 아이들이 학교 앞에 와서 시비를 걸어 싸움이 벌어지는데, 일본인 교장은 조선 아이들만 야단을 치는 일이 벌어져 조선 아이들은 서러움을 느낀다. 미국과 전쟁 중이던 일본군이 연전연패하면서 서울 말죽거리에도 큰 사건이 벌어진다. 일본 비행기가 추락한 것이다. 교장은 아무도 그곳에 가지 말라고 했지만, 호기심 많은 개똥이는 몰래 달려가 일본 비행기의 추락 장면을 학교에 알린다. 그로부터 며칠 후 해방이 찾아왔고 사람들은 태극기를 들고 만세를 외친다는 내용이다.

아이들에게 쉬운 질문을 던진다.

"우리나라를 다른 나라한테 빼앗기면 어떻게 될까?"

아이들은 손을 들고 대답하기 시작한다. 책을 읽은 아이들은 여러 가지 대답을 만들어 낸다.

"우리 말을 못 해요."

"오, 좋아. 잘했어. 동그라미 두 개! 또 누가 대답할 거야?"

"여행도 마음대로 못 가요."

"그래, 좋은 대답이야. 우리는 지금 어때? 나라를 빼앗기지 않았으니까, 엄마, 아빠와 함께 마음대로 여행도 가고 캠핑도 할 수 있지? 그런데 나라를 빼앗기면 그런 일도 마음껏 못 할 거야. 슬픈 일이지? 동그라미 네 개! 누가 또 얘기할까?"

"피자도 못 먹어요."

이 말에 아이들이 까르르 웃는다.

"그래, 피자같이 맛있는 음식도 제대로 못 먹을 거야. 왜냐고? 좋은 건 다 빼앗길 테니까. 생각해 보자. 너희들이 가지고 있는 물건을 빼앗기면 기분이 어떨까? 너희들이 아끼는 휴대폰을 누구한테 빼앗긴다고 생각해 봐. 기분이 어떨까?"

"안 좋아요!"

"그렇지. 특히 우리가 매일 먹는 걸 마음대로 못 먹는다고 생각해 보자. 학교 급식도 안 주고 집에서는 먹을 게 없어서 매일 배가 고프다면 과연 어떨까?"

"안 좋아요!"

알기 쉬운 예를 들면서 질문을 하고 대답을 이끌어 낸다. 대답한 아이에게는 적절하게 포인트 보상을 해 준다. 여기서 유의할 게 있다. 아이들이 대답을 자유롭게, 마음껏 하도록 부담을 없애 주어야 한다. 아이들에게 꼭 해 주는 말이 있다.

"너희들이 어떤 대답을 해도 틀렸다고 말하지 않을 거야. 그리고 동그라미 포인트를 꼭 줄 거야. 약속해."

강연자의 이 말은 아주 중요하고 결정적이다. 저학년 아이들은 자기중심적인 경향이 강해서 대개 자기 입장에서만 생각하고 말한다. 아이들을 계속해서 칭찬하고 포인트를 주어 파이팅하도록 이끄는 건 매우 중요하다. 그와 더불어 아이들이 어떠한 부담을 느끼지 않도록 배려한다.

이번에는 나라를 빼앗기지 않으려면 어떻게 해야 할까? 앞서 나온 질문과 연결된다.

"공부를 잘해야 해요."

"그래 맞아. 공부를 잘하는 것도 좋은 일이지. 공부를 잘한다는 건 생각을 많이 한다는 뜻이야. 아주 좋은 대답이야. 동그라미 다섯 개!"

"운동을 잘해야 해요."

"이건 책에 나오는 걸 말한 거네. 잘했어. 동그라미는 세 개!"

책에 나오는 것보다 자신의 생각을 해서 말한 것에 포인트 보상을 더 해 준다.

"운동을 잘하면 몸이 튼튼해지지. 너희들이 만일 몸이 아프면 학교에 오지 못하잖아. 몸이 건강하다면 학교도 잘 올 수 있고 많은 걸 새로 배울 수 있잖아. 결국 몸이 튼튼하고 건강하면 누구와도 싸울 수 있는 힘이 생긴다는 말이겠지?"

설명이 늘어지면 아이들이 빨리 이해하지 못한다. 한자어를 쓰거나 어려운 표현을 쓰는 것도 금기다. 저학년 아이들에게는 쉽고 간결하고 분명하게 말해야 한다. 함부로 은유적 표현을 쓰는 것도 안 된다.

호주 산불의 히어로인 웜뱃 이야기를 담은 그림책 『숲속의 어느 날』이나 욕심쟁이 암탉과 멧비둘기 이야기 『비비를 돌려줘!』와 같은 그림책으로 할 때는 자신들이 좋아하는 동물 이름을 대보라고 한다. 물론 좋아하는 까닭도 말해 달라고 주문한다. 아이들은 보통 좋아하는 동물이 한둘은 다 있다. 동물은 다 좋아하기 때문에 참여율이 아주 높다. 대부분 "저요, 저요!" 하면서 손을 든다.

"저는 고양이가 좋아요."

"왜지?"

"귀여우니까요."

"잘했어. 고양이만큼 귀여운 동물도 없을 거야. 동그라미 두 개!"

또 다른 아이에게 마이크를 댄다.

"강아지요."

"왜지?"

"귀여워서요."

"강아지도 귀엽지. 그런데 귀여운 거 말고 좀 다른 이유는 없을까? 어쨌든 동그라미 두 개!"

"코알라요."

"오, 왜지?"

"느리게 가도 나무에 잘 매달려서요."

"바로 이거야. 우리가 잘 모르는 동물을 말했고 그 이유도 좋았어. 동그라미 다섯 개!"

새로운 동물을 말하고 그 이유도 완전 창의적으로 대답한 아이에게 포인트를 듬뿍 준다. 순간 다른 아이들이 부러운 표정을 짓는다. 분위기가 슬슬 바뀌어간다. 저학년 아이들도 어떤 대답을 해야 포인트를 많이 받을 수 있는지 눈치를 챈다.

"코브라요."

코브라라는 말에 아이들이 깜짝 놀란다. 깔깔거리며 웃는 아이들도 있다.

"좋아하는 이유가 뭐지?"

"무서운 독이 있고 어떤 동물도 다 이길 수 있으니까요."

"멋진 대답이야. 세상에서 코브라 독이 가장 무섭지. 하지만 코브라가 모든 동물을 다 이길 수는 없어. 코브라를 잡아먹는 동물이 있거든. 그게 바로 벌꿀오소리와 몽구스야."

"코브라가 물면 죽잖아요."

"둘 다 되레 코브라를 잡아먹어. 코브라에 물려도 죽지 않아."

이야기가 조금씩 확장되는 건 바람직하다. 이건 뱀 이야기를 꺼낸 아이 덕분이다. 아이에게 포인트를 일곱 개를 쏴 준다. 순간 아이들이 환호성을 지른다.

"또 다른 거 없어?"

자꾸 새로운 걸 생각하도록 유도한다. 아이들이 눈을 굴리면서 새롭고 엉뚱한 걸 찾으려고 한다. 그때 예기치 못한 동물이 등장한다.

"티라노사우루스요!"

갑자기 공룡이 등장한다.

"공룡은 지금 없잖아요."

"맞아요, 맞아."

공룡이 나오자, 아이들이 반응이 뜨겁게 달아오른다. 주로 부정적인 반응이다. 지금은 멸종되어 없는 동물이니까 공룡을 예로 들면 안 된다는 뜻이다. 아이들이 내 판단을 기다린다.

"공룡이 지금은 사라져서 없지만, 동물은 동물이잖아. 안 되는 동물이 있다고 말한 적이 없어. 좋아, 그렇다면 이유를 들어 보자."

"음, 티라노사우루스는 자기보다 큰 공룡을 다 이기잖아요."

"아주 좋은 이유를 말해 주었구나."

그 아이에게는 동그라미 포인트를 열 개 주고 작은 선물도 하나 준다. 아이들은 포인트 열 개라는 말에 열광한다.

"모기요."

모기라는 말에 모두들 이건 정말 말이 안 된다는 표정을 짓는다. 아이들은 고개를 가로젓는다.

"모기는 대체 왜 좋아하지?"

"모기가 물면 아프잖아요. 그럼 정신이 나요."

그 말에 아이들이 깔깔거리고 웃는다. 장난꾸러기 같은 대답이지만, 말이 안 되는 것도 아니다. 재미있는 대답이라며 칭찬을 하며 박수를 치게 한다. 그때 모기에 대해 아이들이 알지 못하는 정보를 하나 알려 준다.

"얘들아, 우리가 여름에 모기에 물려서 고생하는 건 사실이야. 모기 때문에 병에 걸릴 수도 있어. 아주 나쁜 곤충이라는 건 맞아. 하지만 세상의 모든 모기가 다 나쁜 건 아니야."

세상에, 모든 모기가 나쁜 게 아니라니. 아이들은 고개를 갸우뚱거리며 내 얼굴을 쳐다본다. 과연 어떤 이야기가 나올까 하고 기대하는 표정이다.

"모기 가운데는 꿀벌처럼 열매를 맺게 하는 녀석도 있어."

"정말요?"

"그렇다니까."

나는 강연 중 이런 걸 좋아한다. 모두들 전혀 상상하지 못하는 예를 들어 줄 때가 바로 그렇다. 이런 반전은 강연에서 아주 결정적인 역할을 한다. 순간적으로 아이들의 집중력을 높이고 아이들의 호기심을 순간적으로 끌어올릴 수 있으니까.

"저는 독수리를 좋아해요."

"흠, 새가 나왔군. 왜 그렇지?"

"독수리는 하늘 높이 날 수 있잖아요."

내가 기다리던 대답이다. 독수리가 하늘 높이 나는 건 자유롭다는 뜻이다.

"얘들아, 누군가 너희들을 꼼짝 못 하도록 꽉 잡고 있다면 어떨까?"

"안 좋아요!"

"만일 너희들이 집에 있는 개나 고양이를 꽉 잡고 있어 봐. 개나 고양이가 과연 가만히 있을까?"

"아니요!"

"그래, 맞아. 자기 맘대로 움직이지 못한다면 그건 좋은 걸까, 나쁜 걸까?"

"나쁜 거예요!"

아이들이 소리친다.

"오, 이제 너희들이 제대로 알았구나. 모두 동그라미 열 개!"

포인트 포상을 듬뿍 준다. 모두 만세를 부르며 동그라미를 그려간다.

『숲속의 어느 날』의 주인공은 웜뱃이다. 호주에서 산불이 났을 때 땅굴을 파고 혼자 살아가는 웜뱃이 땅 위에서 살아가는 동물들을 땅굴로 대피시켜 준다는 내용이다. 이 작품에서 캥거루나 왈라비, 토끼 등은 모두 구조했지만, 코알라는 미처 구조하지 못했다. 먼저 코알라를 구하는 일이 어려운 까닭을 1학년 아이들에게 물어 본다.

"코알라는 왜 친구들이 빨리 구하지 못했을까?"

"너무 느려서요."

"그래, 코알라는 정말 느리지."

즉석에서 코알라 체험을 시켜 보기로 한다. 일명 '코알라 달리기대회'다. 무대 앞으로 나올 사람은 손을 들라고 한다. 저학년 아이들은 무대에 나오라고 하면 아주 적극적이다. 아이들은 낯가림이 비교적 적은 편이다(경험상 지방의 시골학교 아이들은 의외로 부끄러움이 많아 잘 나오지 않는 경우도 있다. 어떤 경우든 강연 분위기가 달아올라야 무대에서 진행하는 체험활동 참여가 활발해진다. 무조건 미션을 했다가 아무도 나오지 않는다면 분위기가 싸늘해질 수도 있다. 주의해야 한다). 서너 명이 무대로 나오면 우르르 뒤따라 나오기 마련이다. 코알라 달리기대회에 대해 설명한다. 빠르게 달리는 경기가 아니라는 점을 밝힌다. 코알라처럼 느리게('느려 터지게!'라고 말하면 아이들이 깔깔거리며 웃는다) 달리되, 아주 재미있고 웃긴 표정과 몸짓으로 달려 달라는 주문이다. 서너 명씩 조를 지어 출발시킨다. 무대 공간이 좁아도 상관없다. 어차피 슬로비디오처럼 느릿느릿 갈 테니까 말이다. 아이들이 온갖 이상한 몸짓과 표정을 지으며 달리는 시늉을 한다. 그 모습을 보는 아이들이 깔깔거리며 웃는다. 다음 조를 출발시킨다. 여러 개의 조를 진행하다 보면 배꼽을 쥐고 웃어야 할 만큼 재미있게 달리는 코알라가 나온다. 그럴 때마다 다음 조의 아이는 더 과감한 몸짓을 만들어 낸다. 어떤 아이는 이상한 소리를 내면서 달리는 장면을 연출한다.

　나는 코알라 달리기대회에 적잖은 의미를 둔다. 마음껏 달리는 게 아니라, 모든 걸 억제하고 천천히 달리는 건 아이들에게 분명히 쉽지 않은 일이다. 이 체험은 너무 느려서 제일 나중에 구조될 수밖에 없는 코알라의 습성, 즉 그 동물의 특성을 스스로 겪어 보도록 하는 것이다. 체육관처럼 큰 공간에서는 아이들의 동작이 더 커서 훨씬 큰 재미를 느낀다. 분위기가 뜨거워지면 의자에 앉아 있던 아이들도 추가로 뛰어나온다. 만일 모든 아이가 코알라 달리기대회에 참여하면 행사는 대성공이다.

그림책 『비비를 돌려줘!』는 욕심쟁이 암탉이 잣나무 둥지에서 떨어진 멧비둘기 알을 돌려주지 않고 품는다는 내용이다. 욕심쟁이 암탉 꼬꼬는 착한 암탉들이 낳은 알을 다 빼앗아 간다. 꼬꼬는 빼앗아 간 알들을 모두 품는다. 빼앗는 암탉은 나쁜 캐릭터다. 그런데 한편으로 그 많은 알을 품는 일은 결코 쉬운 일이 아니다. 꼬꼬는 무려 21일 동안, 그러니까 3주 동안 웅크리고 앉아 알을 품는다. 이건 대단히 힘겨운 일이다. 나는 이 점을 강조한다. 이 놀라운 일을 욕심쟁이 꼬꼬가 하고 있다는 것을. 어느 날 멧비둘기 알에서 비비가 태어나고 이튿날 수십 개의 알에서 병아리가 깨어난다. 인원이 많을 때는 크게 1모둠과 2모둠으로 나누어 병아리 소리를 내도록 한다. 큰 소리로 내되, 가장 엉뚱한 소리를 만들어 달라고 주문한다.

"꾸악 꿰엑 끼익 까까까……."

한 조에서 온갖 이상한, 괴물 같은 병아리 소리를 만들어 낸다. 곧이어 다른 모둠에서 경쟁하듯 이상한 병아리 소리를 낸다.

"꺄꺄꼬 삐야야 꾸꾸꾸 코콕 크크……."

강연 분위기를 더욱 뜨겁게 만들고 싶으면 한두 번 빠르게 진행하며 더 이상하고 엉뚱하고 웃긴 병아리 소리를 내 달라고 주문한다. 두 모둠 간의 경쟁이 붙으면 아이들은 상상하지 못한 소리를 만들어 내며 목청을 돋운다.

간단한 토막극도 즉석에서 연출한다. 욕심쟁이 꼬꼬가 비비를 돌려주지 않는다는 대목을 연기하도록 한다. 두 명씩 짝을 지어 나오라고 하면 서너 팀은 기본적으로 나온다. 토막극 연기 대본은 이렇다.

멧비둘기 엄마: (슬픈 얼굴로) 제 새끼 혹시 못 봤나요?
욕심쟁이 암탉 꼬꼬: (멧비둘기를 째려보면서) 보긴 봤지만, 난 줄 수 없어! 절대 줄 수 없다고!

저학년 아이들의 연기 실력은 대단하다. 이렇게 간단한 대사지만, 아이들은 혼신의 힘을 다해 연기를 펼친다. 특히 욕심쟁이 암탉 꼬꼬의 대사를 할 때 다른 아이들은 웃음을 참지 못한다. 나는 작가들에게 자신의 작품에서 이런 장면을 잘라 토막극을 만들어 아이들에게 연기해 보라고 귀띔해 준다.
언젠가 『비비를 돌려줘!』의 마지막 장면을 특별히 고쳐 대본을 만들고 아이들을 무대에 올려 연기하도록 했다. 꼬꼬가 멧비둘기 어미에게 비비를 돌려주는 장면이다.

비비: (슬픈 표정을 지으며) 엄마! 엄마!
멧비둘기 엄마: (와락 껴안으며) 비비야! 비비야!

특별한 대사도 아니다. 아주 짧다. 엄마와 새끼가 서로 이름을 부르며 껴안는 대목이다. 한두 개 조가 나와 연기를 했다. 슬픈 장면이지만, 아이들은 재미있게 연기를 했다. 아이들은 모두 깔깔거리며 즐거워했다. 잠시 후 놀라운 연기자가 나왔다. 연기에 몰입한 한 아이가 멧비둘기 엄마를 껴안으며 펑펑 울기 시작한 것이다. 엄마로 나온 아이도 따라 울었다. 그 장면을 지켜본 아이들은 어떻게 되었을까? 다른 아이들도 분위기에 휩쓸려 순식간에 울먹거리기 시작했다. 행사장은 순식간에 울음바다가 되었다. 멋지게 체험한 것까지는 좋았는데, 강연장 분위기가 갑자기 침울해져 버렸다. 강연이 끝나자 어린 아이들은 박수를 치며 행복해했다. 아이들은 차마 발걸음을 떼지 못했다.

누군가 저학년은 신의 영역이라고 말하는 걸 들은 적이 있다. 맞다. 특히 1학년은 결코 쉽지 않은 대상이다. 하지만 저학년 강연이라고 해서 무조건 두려워할 게 아니다. 어려운 점을 하나씩 풀어갈 수 있다. 나는 1학년 아이들 작가와의 만남 때면 틈나는 대로 아이들에게 말을 건다. 아이들이 자리에 앉을 때 슬며시 질문을 던지면서 얼굴을 익힌다(자리에 앉는 시간이 좀 걸린다. 고정석 시청각실에 들어올 때는 시간이 많이 걸리기 때문에 아이들에 질문을 던질 시간이 있다). 대화를 하고 나면 아이들은 쉬는 시간(1학년 작가와의 만남은 대개 쉬는 시간을 갖는다)에 내게 다가와서 조잘조잘 말을 건넨다. 저학년 아이들은 온갖 이야기를 마구 한다. 거침없다. 창피한 게 없다. 어제 집에서 뭘 먹었는지, 고양이가 놀아 달라고 떼를 썼다든지, 가족과 함께 어디로 놀러 갔는지 등등 거리낌 없이 말한다. 그게 1학년이다. 가까이 다가가서 아이들의 이야기를 들어 주면 아이들은 어느새 내 쪽으로 가까이 다가온다. 일단 가까이 다가오면 난공불락의 저학년 강연의 벽은 절반은 허물어진 셈이다.

뭐든 잘하고 즐기는
초등 중학년

　강연자들이 가장 좋아하는 대상은 초등학교 중학년이다. 중학년은 초등학교 3학년과 4학년을 가리킨다. 중학년은 작가들만 좋아하는 게 아니다. 교사들도 학년 초 담임 배정을 받을 때 가장 선호하는 학년이라고 한다. 중학년 담임 경쟁이 치열하다 보니, 전년도에 담임을 맡았던 교사를 배제하는 학교도 있다고 할 정도이다. 그만큼 중학년은 매력적이다. 중견의 초등학교 교사는 왜 중학년을 선호하는지 그 이유를 말해 준다.
　"이 시기의 아이들이 무엇보다 규칙을 잘 지켜요."
　규칙을 잘 지킨다는 말은 교사의 말을 잘 따른다는 뜻이다. 저학년들은 교사가 일일이 챙겨 주어야 할 게 많다. 또 사회화가 덜 된 나머지 지나치게 자기중심적이다. 그에 비해 3학년이 되면(2학년 담임교사로부터 이런 이야기를 들은 적이 있다. 2학년 아이들은 학년 초에는 여전히 1학년 특성을 보이는데, 학년 말이 되면 3학년 특성을 보인다고. 참고할 만하다) 말귀도 잘 알아듣고 자신의 의사도 분명히 밝힐 줄도 안다. 물론 다 그런 건 아니겠지만, 전체적으로는 수업하기도 좋고 학교 생활지도 또한 비교적 수월하다는 뜻이다.

초등교사 생활 20년이 넘는 한 교사는 중학년 아이들은 뭐든지 잘하고 즐기는 시기라고 말한다. 한편으로는 그게 장점일 수 있겠지만, 다른 한편으로는 단점이 될 수도 있다는 말이다.

"자율학습이라도 한번 맡겨 놓고 어디에 잠시 다녀오기라도 하면 교실은 그야말로 난장판으로 변해요."

친구들과 잘 놀고 잘 어울리니 한번 풀어 놓으면 절제할 수 없는 상태로 빠진다는 얘기다. 그 말은 중학년 아이들이 규칙을 잘 지키긴 하지만, 모든 상황에 적용되는 건 아니라는 말이겠다.

"나는 3, 4학년 강연 섭외만 들어오면 좋겠어요."

언젠가 강연자를 위한 강연을 마치고 뒤풀이하고 있는데, 한 작가가 말했다. 다른 작가들도 그 말에 동의하듯 고개를 끄덕인다.

"3, 4학년이 어떤 점이 좋은데요?"

내가 작가들에게 물었다.

"애들이 말을 잘 듣잖아요."

강연자들은 중학년 아이들이 규칙도 잘 지키지만, 강연 중에 작가들이 하는 말에도 귀 기울여서 잘 듣는다고 말한다.

대도시건, 지방이건 어느 학교를 가도 중학년 아이들은 활기차다. 강연 때 리액션도 다른 학년에 비해 아주 좋다. 강연장에 서면 중학년 아이들의 표정이 한결같다. '어서 이야기보따리를 풀어 보세요.' 뭐, 그런 표정이다. 강연자의 이야기를 어서 빨리 듣지 못해서 안달이라도 난 얼굴이다. 아이들은 작가의 이야기에 언제라도 감동하고 흥겨워 할 준비가 되어 있는 것 같다. 아이들은 마치 스펀지가 물을 빨아들이는 것처럼 강연자의 이야기에 귀를 기울이고 몰입한다. 아이들의 이런 긍정적이고 적극적인 태도를 보면 강연자들이 왜 중학년을 선호하는지 이해가 된다.

"얘들아, 내 질문에는 답이 여러 개 있어. 맘껏 대답해도 좋아."

이 멘트 하나가 아이들의 경직된 마음을 흔들어 놓는다. 답이 여러 개 있다니! 더구나 아이들이 어떤 대답을 해도 강연자가 멋진 답으로 포장을 해 준다니. 그러니까 어떤 경우에도 틀린 답, 즉 오답이 없다는 말이다. 처음에 내 말을 들은 아이들은 좀 어리둥절한 표정을 짓다가, 이내 얼굴이 환하게 변한다.

생태동화에 맞게 새들의 특성에 대해 묻는다. 새가 다른 동물과 다른 점이 무엇인지 아이들에 묻는다.

"깃털이요."

"우와, 이거 정말 놀라운걸. 이걸 어떻게 알았지?"

깃털이야말로 새가 사자나 호랑이, 뱀 같은 동물과 다른 점이다. 새는 그 어느 동물도 개발하지 못한 깃털이라는 재료를 진화를 통해 만들어 냈다. 다른 동물들이 털을 만들어 단순한 보온 효과를 볼 때, 새들은 깃털을 만들어 하늘 높이 날아오를 수 있게 되었다.

"깃털은 무거울까, 가벼울까?"

아주 쉬운 질문이다. 흥미를 끌어올리기 위한 미끼다. 아이들은 깔깔거린다. 대답이 뻔하다는 표정이다. 단체 질문을 해서 둘 중의 하나에 손을 들게 하고 동그라미 포인트를 주는데, 재미있게도 한둘은 꼭 '무겁다'에 손을 든다. 대부분 장난기가 발동해서 손을 드는 아이들이다. 일단 존중해 준다. '무겁다'에 동그라미 포인트를 네 개를 준다. 아이들의 눈이 휘둥그레진다. '무겁다'에 손을 든 사람에게 네 개를 주다니! 곧 '가볍다'에 손을 든 아이들에게 동그라미 포인트를 준다.

"다섯 개!"

동그라미 하나 차이지만, 미세한 실망과 안도가 교차한다. 슬슬 난이도를 올린다.

"깃털이 아름다운 새는 암컷일까, 수컷일까?"

이것도 그리 어려운 질문은 아니다. 거의 80%는 수컷에 손을 든다.

"그렇다면 수컷은 누구에게 잘 보이려고 깃털이 아름답게 변했을까?"

"암컷이요!"

모두 합창하듯 대답한다.

"이번에는 너희들 집에 대해 물어 볼게. 너희들 집에서는 중요한 일을 누가 결정해? 여자가 해, 아니면 남자가 해(아주 조심해야 하는 질문이다. 요즘은 이혼 가정이 많아서 부모가 다 있는 것을 당연하게 생각해서는 안 된다. 자칫 마음에 상처를 줄 수가 있다)?"

"엄마요!"

"아빠요!"

"언니요!"

"오빠요!"

엄마와 아빠, 언니와 오빠가 번갈아 나오는데, 대체로 여자가 많다.

"할머니요!"

그때 할머니가 나오자, 여기저기서 깔깔거리는 소리가 나온다. 이때가 강연의 포인트다. 나는 기다렸다는 듯이 동그라미 포인트를 여섯 개를 주며 격려한다.

"나이 많은 어르신이 결정하신다니, 너희 집 아주 멋지구나(할머니라고 대답한 아이에게 칭찬을 해 주고 포인트를 주는 이유는 그 집이 조손 가정일 가능성이 있기 때문이다)."

할머니라는 말에 동그라미 포인트를 여섯 개를 주고 나면 아이들 대답에 변화가 나온다. 좀 다른 대답이 등장하기 시작한다.

"우리 누나요."

"우리집에서는 내가 해요."

급기야 자신이 결정한다는 대답도 나온다. 나는 아이들에게 남을 따라서 하는 대답이 아니라, 조금이라도 색다른 대답을 유도하는 중이다. 그런 아이는 여지없이 동그라미 포인트를 주고 작은 선물도 건넨다.

나는 이 질문을 할 때 즐겁다. 아이들도 즐거워한다. 본 강연 들어가기 전에 분위기가 후끈 달아오르기 시작한다. 지역마다 좀 다르지만 여자와 남자의 비율이 8:2나 7:3 또는 6:4 정도로, 여자가 비교적 많다. 그때 질문을 잇는다.

"그렇다면 새들은 둥지 자리를 결정할 때 누가 할까? 암컷일까? 수컷일까?"

이 질문에 아이들이 웅성거린다. 도무지 감을 잡지 못하기 때문이다. 곧 둘 중의 하나에 손을 들게 한다. 대개 5:5 정도로 손을 든다.

"그건 바로 암컷일 거야!"

물론 과학적으로 완전히 검증된 건 아니다. 또 새마다 조금씩 다를 수도 있다. 내가 하고 싶은 이야기는 '대체로 암컷이 결정권을 더 많이 갖고 있지 않을까' 하는 걸 전해 주고 싶어서이고, 무엇보다 우리가 가진 편견, 즉 뭐든지 남성이 우월하다는 걸 조금이라도 일깨워 주고 싶어서이다. 우리 사회는 오랫동안 남성우월주의가 지배했다. 공부도 남자가 잘하고, 판검사도 남자가 하고, 돈도 남자가 벌어 오고, 하여간 남자가 무조건 우월하고……, 그런 편견은 지난 10여 년 사이 빠르게 깨졌다. 놀라운 변화다. 그런데도 여전히 남성우월주의는 사회 곳곳에 남아 있다(이 같은 생각을 가지고 외국에 가면 망신당할 수도 있다).

세상이 변했다. 크고 빠르게 변하고 있다. 여성들이 직장을 갖게 되었고, 학교에서는 남학생보다 여학생들이 공부를 잘한다. 사법고시뿐만 아니라 사관학교에도 여성 파워가 돋보인다. 그런데도 우리 사회에는 여전히 남성이 우월하다는 의식이 흐르고 있다. 그런 걸 생태 이야기를 하면서 조금씩 깨 준다.

"얘들아, 나는 깃털 이야기할 때마다 새들에게 미안한 마음이 생겨."

이 말에 아이들이 조용해진다. 그 까닭이 궁금해지기 때문이다.

"우리가 겨울이 되면 오리털 패딩을 입잖니. 오리털 옷을 입으려면 오리털 옷 공장이 있겠지? 오리 가슴털을 뽑아 옷을 만드는데, 그때 오리가 살아 있는 채로 뽑을까, 아니면 죽어 있는 상태에서 뽑을까?"

이런 질문에 아이들이 고개를 갸웃거리다가 손을 든다. 대개 산 채로 뽑는다는 대답이 많다. 다시 또 묻는다. 왜 산 채로 가슴 털을 뽑느냐고 말이다. 이 질문에 대한 답은 개별적으로 빠르게 받는다. 여기저기서 아이들이 손을 든다. 중학년 아이들은 누군가 손을 들기 시작하면 들불처럼 번진다. '저요, 저요', 하면서 손을 들면 시끄러워져서 내 말이 전달 안 된다. 그럴 때면 이렇게 한마디 한다.

"조용히 하는 사람부터 대답해 보자."

이런 멘트에 아이들은 순식간에 조용해진다. 아이들은 각자의 생각을 말하기 시작한다.

"털이 깨끗하고 좋아서요."

"다른 사람."

"산 채로 뽑아야 냄새도 안 나고 좋아요."

"또 다른 사람."

"동물을 죽여서는 안 되잖아요."

"오, 그렇다면 네 말은 짐승의 목숨, 즉 생명이 소중하기 때문에 산 채로 해야 한다는 거야?"

"네."

"전부 박수! 이 말은 답과 상관없이 너무 괜찮은 말이다. 이 세상에 살아가는 생명은 다 소중하잖아."

이런 대답을 하는 아이는 선물을 주며 박수를 쳐주도록 한다.

"산 채로 뽑아야 털이 또 자라잖아요."

"드디어 결정적인 대답이 나왔네. 바로 이거야."

산 채로 가슴털을 뽑으면 이듬해 또 자란다. 털이 또 자라면 사람들은 다시 그 털을 뽑아서 돈을 벌 수가 있다. 문제는 어떻게 가슴털을 뽑느냐는 거다.

"공장에서 오리 가슴털을 뽑을 때는 살살 뽑지 않고 팍팍 엄청 세게 뽑는단다."

"뭐라고요? 정말인가요?"

오리는 산 채로 가슴털이 뽑힐 때 피가 나오기도 하고, 살점이 뜯기기도 한다. 또 털이 뽑히다가 쇼크로 죽기도 한다. 그런 말을 하는 순간 오리털 패딩을 입은 몇몇 아이는 숨을 죽인다. 오리들에게 괜히 미안해지기 때문이다.

"새가 다른 동물과 다른 점이 또 뭐가 있을까?"

"부리가 있어요."

이 역시 놀라운 대답이다. 박수를 쳐 주고 선물도 하나 준다. 그때 질문이 날아온다.

"작가님, 오리너구리도 부리가 있잖아요."

순간 아이들이 웅성거린다. 좋은 지적이다.

"얘들아, 오리너구리는 조류(새)가 아니고, 포유류야."

"그렇다면 새한테만 부리가 있는 건 아니네요."

또 다른 아이가 말한다.

"그런데 오리너구리는 '부리'라고 하지 않고 '주둥이'라고 해. 물론 더 큰 차이가 있는데, 이건 전체 문제로 한번 내 볼까? 새 부리에는 이빨이 있을까, 없을까? 먼저 이빨이 있다, 손 들어 봐."

몇몇이 친구들 눈치를 보며 손을 든다. 이빨이 있다는 대답에 자신이 조금 없는 눈치다. 한두 명이 손을 내리려고 한다.

"안돼! 한 번 내린 결정은 바꿀 수 없어. 대신 포인트는 누구에게나 다 줄 거야."

아이들이 한 번 내린 결정을 되도록 바꾸지 않고 유지하도록 한다. 손든 아이들이 적다고 눈치를 보면서 자신의 결정을 바꾸는 일은 바람직하지 않다.

"이번에는 부리에 이빨이 없다고 생각하는 사람?"

많은 아이가 손을 든다. 모두 자신 있다는 표정이다.

"그래, 새 부리에는 이빨이 없어."

"우와!"

이빨이 없다고 손든 아이들이 환호성을 지른다. 그 아이들에게 약간 더 많은 포인트를 준다. 여기서 나는 오리너구리와 새 부리와의 차이를 말해 준다. 오리너구리는 태어날 때는 이빨이 있지만, 점점 자라면서 나중에는 이빨이 빠지고 아래위턱에 있는 골질판骨質板이 이빨 구실을 한다는 점을 알려 준다.

"그렇다면 이빨이 없는 새에게는 어떤 일이 생길까? 좋은 점, 나쁜 점 가리지 말고 떠오르는 대로 이야기해 봐."

"저요! 이빨이 없으면 고기를 씹지 못해요."

"그래. 이빨이 없다면 질긴 고기를 씹지 못하지. 그런데 대부분의 새는 동물을 사냥하지 않고 씨앗이나 열매, 작은 물고기를 먹지. 작은 물고기는 씹을 것도 없이 그냥 삼켜버려."

"작가님, 육식을 하는 매나 독수리가 있잖아요."

"매나 독수리는 고기를 뜯기는 하지만 이빨이 없어서 씹을 수는 없겠지. 자, 그렇다면 새들은 우리 동물과 다르게 어떤 문제가 있을까?"

노인들의 예를 들어 준다. 이빨이 다 빠진 할머니와 할아버지한테 어떤 문제가 생기겠느냐는 질문과 비슷하다. 제대로 씹을 수 없으니 식도를 통해 위장으로 들어간 음식의 상태를 묻는 것이다.

"소화가 잘 안 될 거 같아요."

"바로 그거야."

여러 사람의 생각이 입을 통해 나오고, 또 다양한 대답들이 나오면 전혀 떠올리지 못한 이야기가 나오게 된다. 나는 끊임없이 상상을 넘어선 독특한 대답을 찾는다.

통째로 삼켜 버린 먹이가 제대로 소화될 리 없다. 새들은 바로 그 음식을 소화하기 위해 뱃속에 놀라운 장치를 마련했다. 그게 바로 모래주머니다. 나는 어렸을 때 닭을 키우면서 왜 닭들이 모래와 작은 돌멩이를 쪼아먹었는지 궁금했는데, 이유는 간단하다. 모래와 돌멩이를 모래주머니에 집어넣고 맷돌처럼 먹이를 갈아서 소화를 시키는 이치다.

"새들은 날면서 똥을 싸, 안 싸?"

"싸요!"

아이들은 똥 이야기를 참 좋아한다. "똥" 하고 말하는 순간 까르르 웃는다. 강연 중 똥 이야기는 늘 훌륭한 소재가 아닐 수 없다. 새들의 생태에서는 똥 이야기가 자연스럽게 나올 수 있다.

"새들이 날면서 똥을 싼다는 말은 똥을 잘 참을 수 있다는 말일까, 못 참는다는 말일까?"

"참지 못해요."

똥 이야기를 할 때 새들이 왜 똥을 참지 못하고 날면서까지 싸야 하는지는 생태적으로 매우 중요하다.

"사람은 '똥꼬'에 괄약근이 발달해서 꽉 조여 주어 몇 시간도 꾹꾹 참을 수 있어. 문제는 새들은 날아다녀야 하니까, 몸 안에 똥을 오래 담아 두면 되겠어?"

"안 되겠군요."

"그래, 새들은 그래서 똥을 마구 싸는 거야."

그 순간 아이들이 배꼽을 잡으며 웃는다.

새에 대한 질문을 던지고 다양한 대답을 이끌어 낸 다음, 본격적으로 삑삑이 이야기로 접어든다. 준비한 영상을 틀어 주면 학교 연못에 가장자리에서 햇볕을 쬐고(새끼 오리는 깃털이 제대로 자라지 못한 상태라 어미가 새끼들을 차가운 물에 계속 놀게 내버려 두지 않고 수시로 일광욕을 시킨다) 있는데, 어미가 갑자기 일어서더니 서둘러 물로 들어가고 새끼들이 뒤따라 연못에 들어간다. 마지막 여덟 번째 새끼오리가 물로 뛰어드는 순간 들고양이가 풀숲에서 나와 덮친다. 아이들은 물론, 선생님들도 영상을 보는 순간 깜짝 놀란다. 그렇다면 새끼가 잡혀가는 순간 어미 오리는 어떻게 했을까? 워낙 빠르게 지나가는 영상이라 그 순간을 포착해 내기란 쉽지 않다. 의견은 대개 반반으로 갈리지만, 정답은 '어미 오리의 반격'이다. 어미 오리는 목숨을 걸고 새끼를 구하려고 날개를 파닥거리며 싸운다.

학교 선생님의 도움으로 연못 한가운데에 있는 오리 둥지에 들어가 본다. 물이 깊어서 고무보트를 타고 들어가는데, 선생님이 가져온 보트는 바람이 빠져 있었다. 처음에는 혼자서 '쉭 쉭' 펌프질 소리를 내며 바람을 넣었는데, 아이들이 그 소리와 내 웃긴 행동을 보며 깔깔거린다. 인원수가 많고 분위기가 고조되는 상태라면 즉석에서 '무대 미션'도 시도한다. 먼저 무대에 나와서 미션에 도전할 사람을 자원하도록 한다. 강연장 분위기가 떠 있으면 숫자는 순식간에 불어난다. 어느 때는 300명 넘는 아이가 한꺼번에 무대에 뛰쳐나오는 바람에 압사 사고(이건 정말이다. 그때는 정말 가슴을 쓸어내렸다. 휴! 그 사건 뒤 인원이 많을 때는 나무늘보 속도로 아주 천천히, 슬로비디오처럼 무대에 나오도록 한다)가 날 뻔했다.

삑삑이 오리는 240일 만에 우리 아파트를 완전히 떠났다. 240일이면 무려 8개월이다. 8개월은 결코 짧은 시간이 아니다. 삑삑이는 그 오랜 시간 동안 우리 가족과 함께 지냈다(1개월까지는 우리 식구 모두를 따랐으나, 그 뒤부터는 이상하게도 나만 따라다녔다. 우리 식구 누구도 반기지 않고 도망가기까지 했다. 삑삑이는 하루 종일 내 곁에만 있었고, 오매불망 나만 바라보고 있었다). 그런 삑삑이가 왜 떠났을까? 이건 정말 여러 가지 대답이 가능한 질문이다. 마지막에 아이들의 상상력을 완전히 탈탈 털어 내는 순간이다.

이 대목에서 아이들의 다양하고 창의적인 대답들이 마구 터져 나온다.

"작가님이 싫어서요."

"하긴 내가 계속 좋았다면 왜 떠났겠어. 일리 있네, 하하."

"짝을 만났기 때문 아닌가요?"

"오리들은 2년쯤 되어야 짝을 짓는다고 해. 아직은 짝짓기 시기는 아닌 것 같은데. 또 의견 있어?"

"어른이 되어서 떠난 거 같아요."

"그건 다 자랐다는 말이네. 어른이 되었으니까, 자연스럽게 독립하려고 떠날 거란 뜻이군. 좋았어."

"자유를 찾아서요."

마지막 '자유'는 여전히 의미가 크다. 강연 첫 부분에 날개가 있다는 걸 자유에 결부시켰는데, 다 자라서 자유를 찾아 훨훨 날아갔다는 대답은 다시 생각해도 명답이다. 아낌없이 칭찬해준다.

"혹시 철새라서 떠난 거 아닐까요?"

우와, 이 대답은 그야말로 결정타다. 사실 뻑뻑이 부모 오리는 모두 텃새이지만, 오래전에 겨울철새(늦가을에 북쪽 시베리아에서 우리나라로 내려와 월동을 하고 봄에 다시 돌아가 번식을 하는 새를 가리킨다. 그에 비해 봄에 남쪽 따뜻한 나라에서 우리나라에 와서 번식을 하고 가을에 다시 남쪽으로 돌아가는 새를 여름철새라 부른다)로 살아가다가 70년대부터 일부가 텃새화되었다. 그 후예가 바로 삑삑이인 셈이다. 그러니까 철새라서 어디론가 멀리 떠났다는 말은 생태적으로, 과학적으로 의미가 있는 대답이다.

아이들의 상상력은 정말 무한하고 말랑말랑하다. 어느 때는 쫀득쫀득하고 고소하고 달콤하기도 하다. 중요한 건 아이들의 호기심을 끊임없이 자극해서 상상력을 최대한 이끌어 내는 노력이다. 중학년 아이들은 초기 분위기만 잘 띄워 놓으면 참여도가 매우 높다. 그렇다고 아이들이 무조건 참여하는 건 아니다. 무엇보다 강연 이야기가 재미있어야 하고 흥미를 끌 만한 것이어야 한다.

"3.4학년 때 독서 습관을 잡지 못하면 고학년이 되어도 잘 못하더라고요."

중견 교사의 말이다. 그녀는 초등학교에서 중학년, 즉 3학년과 4학년 때가 아주 중요하다고 강조한다. 적어도 독서 교육과 관련해서 하는 말이다. 중학년 시기는 교사가 하는 말을 잘 받아들인다. 따라서 이때 책 읽는 습관을 들이는 게 필요하다는 주장이다. 편독(偏讀)하지 않고 다양하게 책을 읽도록 보살펴 주어야 할 시기라는 뜻이다. 그런 중요한 시기의 아이들이니, 우리 강연자의 역할이 더 크지 않을 수 없다. 일회성으로 작가와의 만남을 하지만, 그 짧은 시간 안에 그 어떤 아이가 작가의 강연을 듣고 달라질지 모르는 일이다. 중학년 아이들은 그 어떤 학년 아이들보다 스펀지처럼 쫙쫙 빨아들이는 시기이니 말이다.

강연자를 위한 강연 FAQ | 07

40분 강연이란?

    초등학교 작가와의 만남 강연은 보통 수업 시간 40분 기준으로, 1·2교시 또는 3·4교시를 묶어 한 타임으로 합니다. 그러니 한 타임이 80분(쉬는 시간 10분 포함하면 90분)입니다. 그런데 코로나19 이후 거리두기 때문에 40분짜리 강연이 등장했지요. 강연자들은 이 40분짜리 초단타(!) 강연을 어떻게 해야 할지 난감하다고 말합니다. 뭔가 이야기를 풀어가야 하는데 시간이 너무 짧다는 하소연이죠. 그렇다고 80분짜리 강연의 앞뒤를 댕강댕강 잘라서 40분짜리를 만들수도 없는 일입니다.

    40분 강연은 대개 교실에서 이루어집니다. 40분 한 타임으로 끝나지 않고 두 타임 또는 서너 타임을 연속해서 하기도 합니다. 코로나19가 기승을 부릴 때는 쉬는 시간 없이 1교시부터 4교시까지 네 시간을 연속해서 하기도 했지만, 코로나 상황이 호전되면서 쉬는 시간 10분을 확보하게 되었죠. 이 10분 덕분에 약간의 여유가 생겼습니다. 이동하고 강연을 준비할 시간이 생겼다는 뜻입니다.

    80분 강연 때도 나는 학교 측에 자기소개를 최소화해 달라고 부탁합니다. 40분 강연 때는 전적으로 내가 소개를 합니다. 자기소개는 아주 간단하죠.

"새를 관찰해서 생태동화와 그림책을 쓰는 권오준 작가야."

그런 뒤 곧바로 강연을 시작하는데, 짧은 시간 안에 분위기를 띄워야 합니다. 나는 이 순간이 아주 중요하다고 생각합니다. 이 순간은 마치 코스 요리의 애피타이저Appetizer 같습니다. 전채요리前菜料理라고 불리는 애피타이저는 식사 순서 가운데 제일 먼저 제공되는 음식으로, 식욕을 촉진합니다. 애피타이저는 한입에 쏙 들어가는 음식이고 맛과 영양도 갖추어야 합니다. 강연의 시작 시점은 곧 애피타이저와 비슷합니다. 이 짧은 시간은 삼각김밥 포장지를 뜯는 것에 비유하기도 합니다. 삼각김밥 비닐 포장지를 뜯을 때 절취선 안의 황금색 부분을 정확히 뜯어내야 하는데, 그걸 제대로 잡아당겨야 삼각김밥 비닐 포장이 잘 벗겨집니다. 만일 절취선 부분을 무시하고 삼각김밥 포장을 벗겨 내다가는 김밥이 뭉개지거나 터져 버리고 맙니다.

'강연의 애피타이저'는 다양하게 시도할 수 있습니다. 나는 내 인사말을 들려주면서 목소리의 주인공을 찾아보라고 깜짝 퀴즈를 냅니다. 강연 시작에 앞서 퀴즈를 던지는 순간 아이들은 눈을 크게 뜨고 나를 쳐다봅니다. 아무리 인원이 많더라도 집중을 합니다. 효과를 더 높이기 위해 작은 선물을 내걸 수도 있죠. 짧은 시간 안에 벌어지는 몸풀기 퀴즈 하나로 집중을 하게 되고 분위기가 조금 바뀝니다. 차갑고 낯선 분위기가 순간적으로 달궈지는 것이죠. 40분 강연에서는 이 도입부가 정말 중요합니다.

짤막한 도입부를 마치면 압축된 구성안을 꺼냅니다. 나는 교실 모니터에 피피티도 띄우지 않습니다. 피피티 화면을 바꾸는 동작이 자칫 아이들의 집중을 흐트러뜨릴 수 있기 때문이죠. 아이들의 시선을 오롯이 나에게 집중하도록 하는 겁니다. 평상시 다른 대인원 강연을 할 때 띄우던 피피티 대신 맨입으로 이야기를 합니다. 스토리텔링의 템포는 아주 빠릅니다. 아이들이 숨도 못 쉬게 할 만큼 속사포죠. 물론 이야기의 전개이지만, 사실 절반은 연기에 가깝습니다. 중간중간 질문을 던지고 대답을 이끌어 내기도 하는데, 아이들의 답변을 짧고 간명하게 하도록 유도하는 게 관건입니다. 아이들의 대답이나 의견을 들으면 즉시 칭찬해 줍니다.

강연 분위기가 뜨거워지면 미션도 내 줍니다. 여러 명의 아이를 칠판 앞으로 나오게 하여 미션을 하도록 하죠. 이때는 스킬이 필요합니다. 만일 미션에 참여할 사람이 너무 많으면 자리에 그대로 앉은 채로 진행하고 대여섯 명 정도라면 앞으로 나오도록 합니다. 시간의 '누수'를 최대한 줄이는 것입니다. 10분 정도 짤막하게 그림그리기 체험활동도 진행합니다. 아이들이 자리에서 체험활동을 하는 동안 사인회도 합니다. 20여 명의 아이에게 책이나 사인지에 사인해 주는데, 아주 빠르게 합니다.

　코로나19가 사그라지면서 40분짜리 교실 강연이 없어질지도 모릅니다. 그런데 생각지 못한 상황이 나올 수가 있습니다. 교실 강연이 상당히 좋다고 평가하는 학교가 나왔다는 거죠. 아주 가까이서 작가와 아이들이 대면하고 소통할 수 있다는 장점을 알게 된 것입니다. 시간이 짧은 것이 흠이기는 하지만, 40분 강연의 긍정적인 측면 때문에 초단타 강연도 염두에 두는 게 좋을 듯합니다. 피피티 없이 강연을 이끌어 가는 맨입 강연도 언젠가는 요긴하게 쓰일 수가 있으니 평소에 대비해 두는 걸 권합니다.

몸은 청소년, 마음은 어린이 초등 고학년

학교 강연에 대해 이야기를 나누는 자리에서 몇몇 작가가 5학년이나 6학년 강연이 부담스럽다고 털어놓았다. 그러자 또 다른 작가는 고학년 강연 섭외가 들어오면 덜컥 겁부터 난다고 했고, 한두 명은 고학년 강연 갔다가 혼쭐난 적이 있다고 고백했다.

"아이들이 돌부처처럼 앉아 있지 뭐예요."

강연하고 있는데 자리에 앉아 있는 아이들이 일체 반응이 없다면 어떻게 될까? 강연자 자신은 열심히 준비를 해서 말하고 있는데, 아이들의 표정에 변화도 없고 고개를 숙이고 있다면 기분이 어떨까? 심지어 여기저기서 아이들이 하품이나 하고 있다면? 하품을 하거나 몸을 비트는 건 강연자에 대한 최악의 반응이다. 그건 강연자의 이야기가 정말 재미없고 관심도 없다는 '소리 없는 아우성'이다.

  체육관에서 6학년 아이들을 대상으로 강연한 어느 작가의 경험담을 들어 보자. 그날 강연 장소는 체육관인 데다가 대인원이어서 치밀한 준비를 했다고 한다. 강연 날 체육관에 들어가서 컴퓨터에 피피티를 깔고 있는데, 아이들이 들어오더란다. 자신은 두 반 정도, 그러니까 한 50명쯤 될 거라 예상했는데, 떠꺼머리 총각(나쁜 의미로 쓴 건 아니다. 초등학교 6학년 아이들 중에는 중고등학생처럼 몸집이 큰 아이들도 더러 있다)들이 우르르 들어왔다는 거다. 아이들이 끝도 없이 들어와서 담당 선생님에게 여쭤 보니 무려 여섯 학급이라고 하더란다. 천장도 높고 웬만한 경기를 할 수 있는 대형 체육관에서 50명이 아닌, 150명의 아이들, 그것도 6학년 아이들이라니. 시작부터 기가 꺾이고 부담이 될 수밖에 없었다. 강연자 소개가 끝나고 책 이야기를 시작하는데, 아이들의 표정은 바뀌지 않았고 리액션 역시 일절 없었다고 한다. 시간이 지나면서 슬슬 가시방석에 앉은 기분이 되었다고.

  저학년 아이들 대상 강연도 어렵다고 하지만, 6학년도 거의 난공불락 수준이다. 왜 그럴까? 나도 강연 초기에 6학년 아이들을 대상으로 하는 작가와의 만남을 하면서 된통 혼난 적이 있었다. 6학년 아이들은 어찌 보면 도인 같기도 하고 은둔자나 수행자

같기도 하다. 강연장에 들어올 때만 해도 시끄럽게 떠들고 장난치며 시끌벅적했는데, 막상 강연이 시작되면 거짓말처럼 '얼음'으로 변한다. 고개를 숙이고 입의 빗장을 걸어 잠근다.

"6학년들은 둥지의 다 자란 새끼 새 같아요."

고학년 담임을 몇 번 맡았던 한 초등교사의 말이다.

"분명히 다 자라서 이미 새와 비슷한 깃털 무늬와 몸집을 가졌지만, 새끼 새들은 여전히 어리거든요."

초등교사의 이 표현은 6학년 아이들의 특성을 잘 보여 준다. 몸집은 크지만, 마음은 여전히 여리다는 것이다. 6학년들은 또 한창 사춘기를 겪는 시기여서 아주 예민하고 심리적으로 안정이 안 되어 있는 상태다. 그런 불안정한 심리 상태를 보여 주는 게 끼리끼리 문화가 아닐까 싶다. 6학년들은 대개 자신과 마음이 통하는 아이들끼리 곧잘 어울려 다니는 모습을 볼 수 있다.

5학년이나 6학년 아이들의 독서 수준은 천차만별이다. 독서력이 뛰어난 아이는 고학년 동화는 물론, 청소년소설도 술술 읽고 이해한다. 모든 아이가 그런 건 아니다. 교사가 일일이 지도해 주고 도와주어야만 어느 정도 책을 소화할 수 있는 아이들도 적지 않다. 지역과 학교마다 다르겠지만, 고학년 아이들에 대한 독서 지도는 중학년이나 저학년보다 대체로 쉽지 않은 것 같다. 교사들의 독서에 대한 열정이나 강력한 의지가 없다면 고학년 아이들에게 장편동화 한 권 읽히는 일은 이래저래 만만치 않다.

소설 『삼국지』에 이런 이야기가 전한다. 조조에게 쫓기던 여포가 마지막으로 하비성에 숨어 들었다. 조조의 군사가 수차례 공격을 하였으나 하비성은 난공불락이었다. 성을 따라 난 해자에 물이 흐르고, 성벽조차 두껍고 견고했기 때문이었다. 조조의 장수들은 여포의 군사 수가 적다는 점을 들어 총공세를 펼칠 것을 건의하지만, 조조는 반대했다. 정면공격 했다가는 피해가 극심할 것을 우려한 탓이다. 조조는 노심초사했다. 그때 책사 곽가가 이렇게 말했다고 한다.

"득得이 된다면 실失도 될 수 있습니다."

세상의 모든 일에는 수가 있다는 말이다. 불가능한 것처럼 보이는 일도 마찬가지다. 사실 저학년이든 고학년이든 어김없이 통하는 게 하나 있다. 그건 바로 잘 들어주기, 즉 '경청'이다. 아이들의 말에 귀를 기울이라는 거다. 작가와의 만남 행사장에 들어선 아이들은 기본적으로 작가에게 우호적인 감정과 기대감이 있다. 이건 매우 중요한 포인트다. 고학년 아이들이라 하더라도 언제든 강연자 편이 되어 줄 여지는 있다는 말이다. 고학년 아이들이 듣는 둥 마는 둥 하거나 거들먹거리는 것 같아도, 또 중고등학생처럼 덩치가 아주 커다래도 가까이 다가가 살펴 보면 역시 아이는 아이라는 사실을 발견하게 된다. 바로 그 점이 고학년

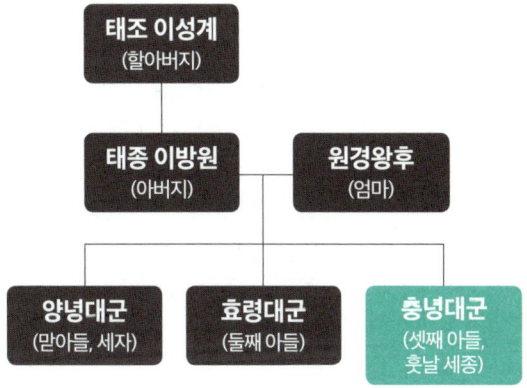

에 대한 공략 포인트다. 바꿔 말하면 세심하게 잘 들어 주고 적절하게 칭찬해 주라는 거다.

6학년의 경우(드물게는 5학년도), 예컨대 장편동화 『새내기왕 세종』을 주제 도서로 쓴다. 강연을 시작하면 제일 먼저 세종대왕의 가족관계를 짚어 준다. 작품의 시작은 세종이 왕이 되기 전 갑자기 세자 자리에 오르는 부분인데, 핵가족화된 요즘 아이들은 가족관계에 대해 잘 모른다. 세종의 부모와 형제, 즉 가계도를 쉽게 설명해 준다. 어려운 역사를 쉽게 접근하기 위한 방법이다.

"세종의 아버지 태종 이방원은 형제들과 신하들을 무참히 죽였어. 그는 과연 싸움 잘하는 무인인가, 아니면 문신인가?"

태종이 고려조의 정몽주와 자신의 형제들, 신하들까지 잔인하게 죽였고, 또 그런 모습을 텔레비전이나 영화를 통해 보아 왔기 때문에 대부분은 태종을 이성계처럼 무인 출신이라고 여긴다. 놀랍게도 반전이 있다. 태종은 고려 말에 과거급제를 한 문신 출신이다. 33명 중에서 10등을 했다고 하니, 요즘으로 치자면 국가고시를 패스한 엘리트 중의 엘리트였던 셈이다(태종은 조선에서 유일하게 과거시험에 합격한 왕이다. 둘째 아들 효령대군의 부인이 정역의 딸인데, 그는 태종의 과거시험 동기, 즉 동방이었다).

"우와!"

아이들이 조금 놀라워한다. 자신들이 TV 드라마에서 보았던 것과 전혀 다른 이야기가 나오기 때문이다.

작품 이야기의 시작은 양녕대군이 물러나게 된 세자 자리를 누가 이을 거냐는 조정 대신들의 논쟁이다. 양녕대군이 세자의 본분을 다하지 못해 결국 폐위되었지만, 그로부터 특이한 사실 하나를 본다. 그건 바로 인간관계다. 엄격한 신분사회인 조선에서 일반 양반도 아닌, 장차 왕이 될 세자가 악공(樂工)이나 기생 등 천민들과 어울렸다는 거다. 계급사회인 당시에 상상도 할 수 없는 일이었다.

"처음부터 셋째 아들 충녕대군을 세자로 내세운 건 아니었어. 그렇다면 과연 누구였을까?"

이 질문의 답은 뻔히 보인다. 예상대로 대답이 동시에 쏟아져 나온다.

"효령대군요!"

둘째와 셋째만 남았으니, 아이들은 당연히 효령대군이라고 답한다. 둘째 아들 효령대군이 아니라고 하면 아이들은 좀 막막해진다. 아이들의 고민이 시작되고 상상의 빗장이 풀리는 순간이다. 온갖 대답이 쏟아져 나온다. 주변에서 생각지도 못한 대답이 나오면서 그간 조용히 앉아 있던 아이들이 등을 곧추세우며 대답 전선에 뛰어든다. 이렇게 갑작스레 분위기가 무르익을 때 미션으로 격상하고 선물을 주겠다고 말한다. 좀처럼 답이 나오지 않을 때 종종 쓰는 방법이다. 아이들이 손을 들며 벌떼처럼 달려든다.

"태종의 형님(정종) 아들이요."

"태종의 후궁 아들이요."

온갖 대답이 다 쏟아져 나온다. 아이들의 대답을 들을 때마다 꼬박꼬박 코멘트를 해 준다. 6학년 강연의 포인트가 바로 여기에 있다. 아이들은 자신의 대답에 작가가 성의 있는 코멘트를 해 준 것에 아주 만족스러워한다. 특별히 좋다는 내색은 하지 않지만, 부끄러운 듯 고개를 숙인다. 누군가 작가의 칭찬을 받으면 바로 옆에 있는 아이들이 엄지척을 하거나 멋지다는 사인을 보내 준다. 같이 어울리는 아이들의 응원이다.

"얘들아, 놀라지 마. 바로 쫓겨난 양녕대군의 아들이야."

"뭐라고요?"

전부 눈을 크게 뜨며 입을 벌린다. 미처 생각하지 못했기 때문이다.

"그런데 양녕대군의 아들이 몇 살인 줄 알아?"

"대체 몇 살인가요?"

"다섯 살."

"헐."

사실이다. 실제 그랬다. 그 주장의 시작은 태종의 부인 원경왕후의 민씨의 주장이었는데, 처음에는 태종도 찬성했다. 원경왕후 민씨가 양녕대군의 맏아들을 세자로 앉혀야 한다고 주장한 이유는 장자 승계를 따르고자 한 것이다. 하지만 고작 다섯 살짜리에게 세자 자리를 물려주는 건 자칫 정치적 파장을 불러일으킬 수 있었다. 무엇보다 왕권이 흔들릴 수 있었던 것이다. 신하들이 그걸 찬성할 리 없었다.

6학년들 작가와의 만남에서는 곧잘 중간 환기 시간을 갖는다. 혹여 지루해지는 것을 사전 방지하는 깜짝 미션이다. 주로 이럴 때 에코백 선물 하나를 건다. 아이들에게 내가 이미 그려 놓은 에코백의 그림과 사인을 보여 준다. 코로라19가 한창일 때는 미래에 다시 찾아올 수 있는 신종 바이러스를 상상해서 그려 보라고 한다. 물론 뜬금없이 코로나19 바이러스를 그리라고 할 수는 없다. 잠시 세종 초기 실제 일어난 역질(전염병) 이야기를 하고 깜짝 퀴즈를 하나 던진 다음에 미션에 들어간다. 그림그리기 미션이 늘 그렇듯, 상상력을 최대한 발휘해서, 내가 한 번도 보지 못한 바이러스 모양을 그리라는 주문이다. 미리 준비한 색사인펜을 이용하고 색깔과 무늬도 마음껏 칠하고 그릴 수 있다. 시간을 5분 이내로 짧게 준다. 강연자로부터 이야기를 듣다가 갑자기 그림그리기 미션으로 전환되면서 아이들이 흥분한다. 그림그리기 미션이 끝나면 곧바로 심사에 들어간다. 이후 심사와 시상은 앞서 설명한 방식을 따라 진행한다.

잠시 미션을 마치면 다음 질문에 들어간다.

"충녕대군은 어떻게 효령대군을 제치고 세자가 되었을까?"

"책을 많이 읽어서요."

그건 당연히 맞는 말이다. 충녕대군은 독서광이다. 밤새 책 보느라 건강이 나빠져서 아버지 태종이 충녕대군 방에 있던 책을 모조리 없앨 정도였으니까. 독서 분야도 다양하다. 세종은 경서, 역사뿐 아니라, 음악과 과학에도 해박했다. 독서를 많이 한 건 장점이지, 세자가 되는 데 결정적인 건 아니었다.

"악기를 잘 다루어서요."

"오, 그렇지. 충녕대군은 악기 연주도 탁월했어. 특히 만돌린처럼 생긴 비파를 잘 탔지. 형인 양녕대군이 충녕에게 비파를 가르쳐 달라고도 했을 정도였으니까. 하지만 악기 연주와 세자 책봉은 관련이 없어 보이지?"

"혹시 잘 노셨나요?"

이따금 아이들이 짓궂은 대답을 하기도 한다. 역시 어울리는 친구들이 키득키득 웃는다. 나는 이런 대답도 그냥 넘기지 않는다. 존중해 준다. 어쨌든 손을 들고 자신의 생각을 밝혔으니 말이다.

"잘 놀았던 사람은 충녕대군이 아니라, 양녕대군이었지. 맨날 대궐 담을 넘어가서 저잣거리에서 실컷 잘 놀았으니까."

"그럼 답이 아닌가요?"

"그 대답은 내가 찾는 답에 아주 가까워졌어. 좋은 힌트가 되고 있지. 어떻게 이런 생각을 했지?"

의외의 내 말에 낄낄 웃던 아이들이 나를 쳐다본다. 장난스럽게 대답했는데 되레 칭찬을 했으니 고개를 갸웃거린다. 어떤 말이든 잘만 포장하면 사람을 기분 좋게 만들 수 있는 것이다.

"어찌 보면 노는 거랑 관계가 있거든."

다른 사람도 아니고 충녕대군, 즉 세종대왕이 노는 거랑 관계가 있다는 말에 모두들 기어이 답을 맞추고 싶어 한다. 갑자기 아이들 대답이 쏟아져 나온다.

"노래를 잘해요."

"춤을 잘 춰요."

"하하, 안 되겠구나. 이러다가 진짜 정답이 나오겠는걸."

"혹시 술을 잘 마셨나요, 충녕대군이?"

"오, 정답이야! 모두 박수!"

아이들이 깜짝 놀라는 표정이다. 충녕대군, 그러니까 세종이 술을 잘 마셨다는 것도 그렇지만, 무엇보다 세자 자리에 앉히는 데 충녕대군의 음주가 작용했다는 점에 더 놀라워한다. 이건 실록에 나오는 얘기다. 충녕대군이 술을 좀 마시는 건 맞다. 다만 세종은 폭음이나 과음을 하지 않았다. 당시 조선에 왔던 명나라 사신을 맞이하고 서로 술잔을 기울이는 일은 세자에게 매우 중요한 일이 아닐 수 없었다. 술을 마시지만 취하지 않고 자제할 줄 아는 충녕은 세자로서 딱이었다.

명나라 사신은 대개 환관이었다. 명나라 사신들은 조선에 오면 값진 물건을 뜯어가기 일쑤였다. 심지어 흥천사의 부처님 진신사리까지 달라고 요구했고 태종은 온갖 핑계를 대며 고민하기까지 한다. 한 나라의 국력이 약하면 어떤 일이 벌어지는지 알 수 있는 대목이다. 당시 흥미로운 일을 하나 꺼내 묻는다.

"명나라 사신이 요구한 것 중 조선이 가장 부담스러워 한 건 무엇이었을까?"

아이들로부터 여러 가지 대답이 터져 나온다.

"쌀이요."

"금이요."

"사람이요."

명나라에서는 걸핏하면 젊은 여자들도 요구해서 끌고 갔으니 사람이란 말도 틀린 건 아니다.

"정답은 말馬이야."

명나라는 당시 북방민족과 계속 전쟁을 하고 있으니 전마, 즉 말이 필요했고 조선에 수시로 요구한 것이다. 조선에 달라고 한 말은 한두 필이 아니었다. 수백 필 또는 그 이상이었다. 황제의 명령이라고 하면 무조건 구해야 했으니 조선으로서는 여간 부담스러운 게 아니었다. 이때 젊은 세종을 엿볼 수 있는 대목을 공개한다. 젊은 세종에 대한 질문을 던진다.

"명나라 사신이 값비싼 것들을 요구할 때 젊은 세종은 과연 어떻게 반응했을까?"

"아무것도 주지 말라고 했겠지요."

"신하들에게 조금만 주라고 했을 거예요."

"글쎄, 정답은 좀 놀라울 텐데……. 과연 누가 이걸 상상해서 맞출 수 있을까?"

"정답은…… 달라는 대로 주라고 했어."

"헐, 뭐라고요?"

아이들은 믿기지 않는 듯 입을 딱 벌린다. 사실이다. 이건 당시 조선과 명나라가 평등한 관계가 아니었음을 보여 주는 대목이고, 젊은 세종도 그러한 대세를 어찌하지 못하고 있다는 걸 말해 준다. 이렇게 의외의 답이 나오면 아이들의 호기심이 크게 발동한다. 또 복잡하고 어렵지 않으며 여러 답이 나오면서 아이들은 이야기에 빠지기 시작한다. 이쯤 해서 세종의 실수 하나를 공개하면서 6학년 아이들의 관심을 끌어올린다.

"세종은 과연 젊은 시절에 뭐든 다 잘 해냈을까? 실수는 없었을까?"

잠시 아이들이 고개를 갸웃거린다. 우리 민족 최고의 성군 세종대왕에게 실수나 실패가 있을 거라니, 아이들은 잠시 대답을 못 한다.

"이 작품에서 말하고 싶은 메시지가 바로 이거야. 제아무리 위대한 사람이라 할지라도 젊은 시절에는 누구나 실수할 수 있다는 거야."

이 대목에서 아이들이 귀를 쫑긋하고 집중한다.

충녕대군이 세자가 된 뒤 아버지 태종은 두 달 뒤 왕위를 물려준다. 이듬해 봄, 그러니까 세종 1년 왜구들이 충청도에 쳐들어와 사람들을 죽이고 재물을 빼앗는 등 피해가 막심했다. 보고를 받은 젊은 세종은 신하들을 불러 모아 놀라운 주장을 한다. 그건 바로 수군水軍, 즉 해군을 폐지하자는 주장이었다. 제대로 방비를 못 한 수군을 없애고 차라리 육군을 튼튼히 하자는 주장이었다. 언뜻 그럴듯해 보였지만 신하들이 모두 반대했다. 만일 아버지 태종이 없었더라면 세종이 강력히 밀어붙였을지 모른다. 만일 그랬다면 임진왜란이 터졌을 때 이순신 장군이 활약하지 못할 뻔했다. 세종은 역사의 죄인이 될 뻔했던 것이다.

나는 젊은 세종의 수군 폐지 이야기를 하면서 실패의 경험도 매우 중요하다는 걸 강조한다. 아이들이 공감한다는 듯 고개를 끄덕인다. 아이들도 끊임없이 어떤 일을 잘못하거나 또 실패하기도 한다. 학교나 가정에서는 아이가 무엇인가 잘못하거나 실수했을 때 야단을 치는 게 보통이다. 하지만 그런 실수나 실패는 장기적으로 보면 절대 가치 없는 일이 아니다. 한편으로 보면 그건 삶의 또 하나의 자산일 수 있다.

미국의 헤드 헌터Headhunter(기업의 임원이나 기술자 등 고급 인력을 필요로 하는 업체에 원하는 인력을 찾거나 평가해서 적절한 인력을 알선해 주는 사람 또는 전문업체)는 크게 실패한 사업가나 전문가를 찾아 그들의 실패 원인을 분석하고, 그들의 가능성과 비전을 제시하여 기업에 채용시키기도 한다. 실패는 절대로 몰가치하지 않다. 6학년들에게 이런 이야기는 어느 정도 공감을 가져다 주는 것 같다. 모두 진지하게 귀를 열어 둔다.

세종은 토론의 달인이었다. 아이들에게 토론을 잘하기 위한 방법을 물어본다. 다양한 대답이 쏟아져 나온다.

"생각을 많이 해요."

"상대방 이야기를 잘 들어야 해요."

"좋은 사례들을 들어야 해요."

젊은 세종이 왕이 되었을 당시 가뭄이 계속되었다. 예나 지금이나 농사가 안 되면 가난한 백성들의 삶이 더욱 궁핍해지기 마련이다. 결국 조정에서 가난한 백성들을 위해 쌀과 콩을 주기로 했다. 우리도 코로나19로 국민의 삶이 어려워지자, 정부에서 재난지원금을 풀었던 것과 유사하다. 당시 재난지원 문제로 젊은 세종과 신하들이 열띤 토론을 했다. 호조(지금의 기획재정부)의 재난지원에 대해 신하들과 토론을 하는 장면을 보면 젊은 세종의 토론 실력을 엿볼 수 있다. 세종은 남의 의견을 잘 들었을 뿐 아니라, 서로 다른 의견들을 조정해서 결론을 내는 능력이 탁월해 보인다.

6학년 대상 강연을 하다 보면 아이들이 의외로 순진하다는 걸 알게 된다. 담임교사들은 진심 어린 마음으로 아이들의 말에 귀를 기울여 주어야 한다고 조언한다. 요맘때의 아이들은 그 누구보다 인정받고 싶은 심리가 강하게 작용하기 때문에 강연자의 소소한 칭찬 하나도 적잖이 영향을 끼친다는 것이다.

6학년 아이들 강연이 어렵다는 건 사실이다. 그렇다고 두려워

할 건 아니다. 다 똑같은 아이들이다. 가까이 다가가서 솔직하게 대해 주면 서로 통할 수밖에 없다. 내가 6학년들 사인회에 정성을 기울이는 이유가 또 그 때문이다. 아주 가까이서 사인을 해 주고 잠깐이라도 대화할 수 있는 기회가 바로 사인회다. 6학년 아이들은 인원수에 상관없이 개별적으로 기념사진을 찍도록 한다. 기념사진이 대단한 건 아니지만, 그날에 의미를 두려는 의도이다.

나는 강연을 마치고 6학년 아이들에게 당부의 한마디를 잊지 않는다. 그건 초등학생이 아니라, 예비 중학생에게 하는 말이다.

"너희들이 곧 중학교에 진학할 텐데, 그러면 공부하느라 고생 좀 하게 될 거야. 중학교에 입학해서 고생을 좀 덜 하려면, 입학 전까지 꼭 하나는 찾았으면 해. 그건 바로 자신이 어떤 일을 했을 때 가장 즐겁고 행복한지 그걸 하나 찾아보라는 거야. 물론 컴퓨터 게임 빼고. 만일 그걸 찾아내고 중학교에 들어간다면 매일 행복할 거야."

6학년 아이들은 이 마지막 멘트에 고개를 끄덕이며 강연장을 빠져나갈 때 눈인사를 한다. 마음에서 우러나오는 인사다. 그게 6학년이다.

무심하지만 자신의 관심사에는 적극적인 청소년

북한이 우리나라를 쳐들어오지 못하는 이유가 중2 때문이라는 우스갯소리가 있다. 그만큼 대책 없고 알 듯 모를 듯한 존재가 '중2'를 상징으로 하는 중고등학생들이다. 중학생들은 예민하기도 하거니와 2차 성징이 나타나는 시기가 개인마다 조금씩 달라 더더욱 초점을 맞추기 어렵다. 여기에 자신의 관심사 외엔 아무런 대꾸도 하지 않는 시기여서 돌담을 마주하는 느낌을 받곤 한다. 대입을 앞둔 고등학생의 경우는 그 정도가 더 심한 게 일반적이다. 그래서 강연장에서 만나는 중고등학교 학생들은 거의 요지부동이다. 그렇다면 그들의 마음을 확 사로잡는 방법은 없는 걸까?

중학교 아이들은 자신들이 관심이 있는 사안에 대해서는 대체로 적극적이다. 기본적으로 요즘 학생들은 컴퓨터 게임이나 케이팝과 같이 자신들이 아주 좋아하는 것에는 즉각적인 반응을 보인다. 하지만 일반적으로 작가와의 만남에서 강연하는 문학이나 생태환경과 같은 내용은 그들의 관심사가 아니다. 미리 학생들로부터 적극적인 반응이 나오지 않을 거라는 예상과 각오를 해야 한다.

언젠가 중학교 전교생을 대상으로 코로나19를 주제로 강연을 시작하는데 모두 시큰둥한 표정이었다. 일단 학생들의 흥미를 끌어내야 했다.

"혹시 코로나19에 걸렸던 사람은?"

갑작스러운 질문에 대부분이 손을 들었다. 코로나19가 한창일 때라 학생들은 대부분 감염된 경험이 있었을 거라 생각했다.

"혹시 한 번도 코로나19에 걸리지 않은 사람 있어요?"

서너 명의 학생이 손을 든다. 코로나19에 걸리지 않았다고 손을 드는 순간 되레 야유가 날아왔다.

"우우우우!"

아이러니한 장면이었다. 코로나19에 걸린 아이들이 한 번도 걸리지 않은 학생들에게 야유를(물론 장난스러웠지만) 퍼붓다니 말이다. 그때 나는 코로나19에 걸렸거나 안 걸렸거나 포인트를 똑같이 주었다.

"어, 왜죠?"

코로나에 한 번도 안 걸린 학생들이 의아하다는 표정을 지어 보였다.

"코로나19에 걸린 게 개인의 잘못은 아니기 때문이지요."

학생들은 곰곰이 생각해 보더니 곧 고개를 끄덕였다.

그날 강연 중간에 학생들에게 그림그리기 미션을 내주었다. 미래에 다시 또 찾아올 코로나 바이러스를 그려 보라고 주문했다. 약 10분 동안 학생들은 집중을 하며 열심히 그리는 모습을 보았다. 아마 그 이유는 자신들이 잘 알고 있는 주제이면서도, 자신들의 상상력을 마음껏 발산할 수 있는 미션이기 때문이었을 것이다.

자신들이 그린 코로나 바이러스 그림은 대단했다. 왕관 모양의 코로나19 바이러스와는 차원이 달랐다. 학생들은 독특하고 아주 엉뚱한 모양의 신종 코로나 바이러스를 그렸다. 다양한 색깔을 칠해서 작품성도 크게 높였다. 그런 주제의 미션은 처음 하는 것이었기 때문에 그들의 호기심을 크게 자극하지 않았을까 싶다. 그리기 미션이 모두 끝난 뒤 한 명씩 무대 앞으로 불러내어 자신의 작품 설명을 곁들여 보라고 했다. 처음 한두 학생만 조금 주저했을 뿐 모두들 자신의 그림에 대해 내가 미처 생각지도 못한 설명을 했다. 학생들의 설명을 듣다 보니 몇몇은 마치 갤러리의 큐레이터와 같이 꽤 심도 있게 이야기를 했다. 막상 재미있는 분위기가 조성되니까 학생들은 경쟁적으로 유머도 섞어가면서 재미나게 설명했다.

강원도 정선의 한 호텔에서 홍천 맹글청소년교육협동조합이 주관한 작가와의 만남을 할 때였다.『새내기왕 세종』을 주제 도서로 했다. 1학년과 2학년 학생들 40여 명이었고 남녀가 섞여 있었다. 학생들은 대형 원형 테이블에 모둠을 지어 앉았다. 학교와는 완전히 다른 분위기였다. 방학 독서캠프였고, 보조 독서 지도 요원들과 하루 동안 사전 독서를 했고, 독서퀴즈와 게임 등을 함께 한 상태였다. 학생들에게서 긴장감은 찾아볼 수가 없었다. 사전 독서와 다양한 활동을 미리 한 덕분이었다. 학생들은 작가를 만나기 전 역사소설을 제대로 읽었기 때문에 생각과 상상의 폭이 넓었다. 강연자를 만나기 전 이미 심리적 가열이 충분히 된 셈이었다. 이럴 경우라면 나이에 상관없이 엄청난 폭발력이 생기기 마련이다.

"양녕대군의 어떤 점이 남다른 거 같았나요?"

이 질문은 사전 독서를 제대로 하지 않으면 던지지 않는 질문이다. 사실 조선왕조실록에서는 양녕대군을 호의적으로 기술해 놓지는 않았다. 하지만 작품에서는 양녕대군이 돋보인다. 혹자는 소설에서 양녕대군이 마치 주인공처럼 느껴진다고 말하기도 한다.

"양녕대군은 잘 놀아요."

"그렇지, 놀이패들을 데리고 다니면서 잘 놀았지. 또?"

"매를 잘 다루었어요."

"실제 매사냥꾼이라고 말할 수 있지."

나는 여기서 아이들의 흥미를 끌어내기 시작한다.

"자, 양녕대군이 매사냥꾼이라면 요즘으로 치자면 양녕대군은 어떤 사람이라고 말할 수 있을까?"

잠시 정적이 흐른다.

"새 전문가요?"

"그것도 맞는 말이지. 대단해."

"생태전문가요?"

"바로 그거야. 양녕대군은 생태전문가라고 말할 수 있을 거야."

"그렇다고 생태전문가라고 얘기할 수 있나요?"

나는 질문이나 이견을 내는 사람은 크게 칭찬한다. 선물을 주었다. 매를 날렸다고 생태전문가라고 말할 수 있는 근거는 없다. 하지만 작품 속에서 양녕대군은 매의 속성을 정확히 이해하고 있었다. 그야말로 매를 제대로 다룰 줄 아는 사람이었던 것이다.

매의 속성을 알고 있다는 말은 곧 매의 생태를 잘 이해한다고 말할 수 있다. 그 말은 곧 생태전문가 중에서도 조류에 관한 생태전문가라는 확대 해석이 가능한 것이다.

경기북과학고등학교에 갔을 때의 일이다. 생태환경을 주제로 작가와의 만남 행사를 했다. 미리 신청한 학생 20여 명이 자리에 앉아 있었다. 중학교나 고등학교 학생들을 만날 때는 강연을 하기 전에 나와 관련된 영상을 보여 준다. EBS 테마 다큐멘터리 〈하나뿐인 지구〉와 K-TV 테마 다큐멘터리 방송 가운데 일부 에피소드를 잘라서 보여 주고, 국립생물자원관이 촬영해서 유튜브에 올려놓은 소개 영상을 보여 준다. 물론 5분짜리 영상을 다 보여 주는 건 아니다. 학생들이 관심 있어 할 만한 부분을 커트해서 영상을 재편집한다. 학생들은 진로 지도와 관련된 부분, 즉 강연자가 과학의 어떤 분야에서 활동하는지, 또 어떤 분야로 나아갈 수 있는지에 관심 있는 것 같다. 사전 영상을 보여 줄 때 고등학생들은 놀라운 집중력을 발휘하며 눈을 고정한다.

고등학생들에게는 조류 생태 분야의 가능성을 많이 이야기한다. 특히 새와 인간의 관계, 또 새와 인간의 역사에 대해 조명한다. 1930년대 미국에서 천연가스가 대대적으로 공급되었을 때 가스 누출 때문에 골머리를 앓았다. 파이프라인이 너무 길고 어디에서 가스가 새는지 찾는 것도 문제였다. 그런데 그 문제를 해

결해 준 동물이 나타났다. 바로 새였다. 하늘 높이 날아다니는 쇠콘도르가 그 주인공이었다. 유니언 가스회사는 가스가 샐 때를 대비하여 에틸메르캅탄이라는 화학성분을 주입하여 누출을 확인하려고 했는데, 놀랍게도 가스가 새는 파이프라인에 어김없이 쇠콘도르가 날아와 앉아 있었다. 파이프라인에 주입한 에틸메르캅탄이 쇠콘도르를 불러들인 것이다. 에틸메르캅탄은 동물의 사체가 썩는 냄새가 났던 것인데, 사체만 찾아 먹는 쇠콘도로의 후각을 강하게 자극했던 것이다. 가스회사에서는 쇠콘도르가 앉아 있는 곳만 찾으면 되었다. 그곳에는 어김없이 가스가 새고 있었던 것이다.

전쟁 이야기도 중고등학교 학생들이 좋아한다. 특히 비둘기가 전쟁에서 얼마나 큰 역할을 했는지에 관심이 많았다. 무선통신이 발달하지 못했던 제1차 세계대전 때 비둘기는 최고의 통신수단이었다. 전투 부대는 자동차나 마차에 통신 비둘기를 싣고 나갔다. 부대는 적의 동향과 위치를 쪽지에 적어 통신 비둘기의 다리에 묶어서 날렸다. 집을 잘 찾아가는 비둘기는 본부로 정확히 날아갔고, 그곳에 기다리고 있던 병사가 비둘기를 맞이했다. 그 정보는 사령부에 전달되어 포를 겨누는 좌표 등 적을 공격하는 근거가 되었다. 당시 제1차 세계대전에 참여한 각 나라들은 통신용 비둘기를 운용했고, 영국을 비롯한 몇몇 나라에서는 비둘기를 함부로 사냥하는 자에게 벌금을 부과하기도 했다. 당시에 비둘기는 병사만큼 중요한 정보수집 수단이었다.

중고등학생들이 겉으로 보아서는 덩치가 크고 어른처럼 보이기는 하지만, 가까이 다가가 보면 여전히 청소년이다. 나는 강연이 시작되기 전에 초등학교 아이들과 마찬가지로 이들과 되도록 많은 대화를 나누려고 한다. 사전 소통을 하는 셈이다. 한두 마디씩 툭툭 던지고 대답하는 사이에 약간의 친밀감이 생기고 보이지 않는 벽도 허물어진다. 학생들도 짧은 대화를 통해 강연자의 면면을 살펴본다. 어떤 사람인지 주목하는 거다. 자신들이 두 시간 동안 앉아 있을 만한 가치가 있는지 '간보기'를 하는 것 같다. 이 짤막한 소통의 시간이 강연 성공에 영향을 미친다고 생각한다. 그 짧은 대화를 통해 강연자가 자신의 말을 잘 들어주는 사람이라는 사실을 내비치는 것이다.

학생들은 또 눈길이 갈 만한 이슈나 에피소드에 관심이 있다. 스토리를 장황하게 늘어놓는 건 중고등학생들에게도 역시 도움이 되지 않는다. 관심이 식어 버릴지 모른다. 그에 비해 재미있고 흥미로운 에피소드를 보여 주고 질문을 던지고 대답을 유도하는 방식이 잘 먹힌다. 호텔 방학 캠프처럼 사전에 보조요원들과의 사전 독서와 활동이 있다면 분위기를 띄우는 데 더 큰 도움이 될 것이다.

무엇보다 중요한 건 학생들이 입을 열도록 해야 한다는 점이다. 한두 마디 짤막짤막한 대답 한 번이라도 한 학생들은 강연자를 바라보는 눈이 달라진다. 강연자가 자신에게도 관심을 두고 있다고 여기는 듯싶다. 나는 강연 중 돌발적인 이슈가 나올 경우 토론으로 전환해서 더 크게 불을 붙인다. 학생들이 관심이 있을 만한 주제라면 더더욱 세게 밀어붙인다. 그 경우 학생들도 놀라울 정도로 집중하며 참여한다.

중고등학교에서도 체험활동은 꼭 하는 게 좋다. 만들기도 좋고 그리기도 좋다. 아이디어가 필요하다. 학생들이 좋아할 만한 체험이면 더 효과가 있다. 마지막 하나. 중고등학교 갈 때에도 선물을 챙긴다. 자잘한 물건보다 학생들이 좋아할 만한 물건 두셋 정도 준비한다. 만일 학생들이 좋아하는 선물이라면 예상치 못한 경쟁이 나타날 수가 있다. 일단 경쟁이 붙는다면 작가와의 만남은 성공이다.

강연자를 위한 강연 FAQ | 08

학교 강연 전에
반드시 챙겨야 할 것은?

　섭외를 받았을 때 해당 학교나 대상에 대한 정보를 최대한 많이 메모해 두는 건 정말 중요합니다. 단순히 강연 날짜만 적는다고 능사가 아니죠. 그보다 훨씬 중요한 게 있으니까요. 제가 오랜 경험을 바탕으로, '학교 강연 체크 리스트'란 걸 만들었습니다. 이 정도로 꼼꼼하게 메모를 해야 어떤 경우에도 차질을 빚지 않을 겁니다.

　학교에서 누군가 섭외를 해오면 그 담당자를 정확히 알아 둘 필요가 있습니다. 학교 담당 교사(때로는 학년부장 교사가 전화할 수도 있고 아주 드물게는 교장이나 교감선생님이 직접 섭외하는 경우도 있다)나 사서는 학교 전화로 전화할 수 있는데, 나중에 내가 그 번호로 연락을 할 때 직접 연결되지 않습니다. 독서 담당자가 교사인지 사서(모든 학교에 사서가 배치되어 있는 게 아니다)인지 정확히 알아야 신속하게 연결됩니다. 때문에 나는 학교 전화로 섭외가 온 경우 반드시 담당자의 휴대전화를 메모하거나 문자로 받아 둡니다.

　강연 날짜와 시간은 가장 중요한 정보입니다. 나는 다이어리와 휴대폰의 디지털 다이어리, 그리고 카톡에 따로 저장해 둡니다. 세 군데 메모를 하는 셈이죠. 날짜가 확정되면 '확정' 표시를 해 두고 날짜 미정(실제로 이런 일이 많다. 학교에서도 학사 일정상 작가와의 만남 일

학교 강연 체크 리스트

구분	내 용	비 고
담당자	독서 담당 교사 ○○○	연락처: 010-○○○-○○○○
강연 날짜	○○○○년 ○○월 ○○일(금요일)	
강연 시간, 대상(인원)	1부 1·2교시 – 2학년(50명)	
	2부 3·4교시 – 4학년(52명)	
강의명	작가와의 만남	한 학기 한 권 읽기
주제	자연에서 배우는 지혜	
주제 도서	2학년: 『비비를 돌려줘!』	
	4학년: 『날아라 뻑뻑아!』	
사전 독서 여부	대부분 완독	
강연 장소	시청각실	1층 급식실 바로 옆
빔 프로젝트	있음	컴퓨터는 방송실에
음향 장치	유무선 있음	상태 좋음
주차	후문으로 진입	
기타	8:30분 교사 출근	

정을 확정 짓지 못하고, 한두 날짜 또는 서너 개의 날짜를 부탁하기도 합니다. 나중에 섭외가 많아지면 혼선의 원인이 되기 때문에 정확한 메모가 필요하다)인 경우에는 촉각을 곤두세워야 합니다. 자칫 나중에 섭외가 몰리면 큰 혼선이나 차질을 빚을 수 있기 때문이죠. 만일 메모가 잘못되고 일정에 차질이 생기면 큰 낭패가 되고 학교에는(담당자에게) 큰 피해를 줄 수 있습니다.

강연 시간과 인원수, 그에 맞춰 강연 장소가 매우 중요합니다. 일반적으로 초등학교 수업 시간표는 아래와 같습니다.

1교시: 오전 9시 ~ 9시 40분

2교시: 오전 9시 50분 ~ 10시 30분

3교시: 오전 10시 40분 ~ 11시 20분

4교시: 오전 11시 30분 ~ 오후 12시 10분

점심시간: 오후 12시 10분 ~ 오후 1시

5교시: 오후 1시 ~ 1시 40분

6교시: 오후 1시 50분 ~ 2시 30분

초등학교 한 교시 수업 시간은 40분 기준입니다. 초등학교 작가와의 만남 행사는 보통 1·2교시 또는 3·4교시 중 하나를 가장 많이 선택합니다. 1·2교시나 3·4교시, 즉 40분+40분=80분에 쉬는 시간 10분을 합치면 총 90분이 되지만, 쉬는 시간을 빼면 기본 80분이 한 타임 강연 시간입니다. 교육지원청(대개 교육도서관. 공공도서관에 '교육'이 붙으면 교육지원청 소속 도서관이라는 뜻이다)에서 학교지원 사업으로 작가를 파견하는 작가와의 만남은 학교 수업 시간과 상관없이 오전 10시에서 12시까지 하는 경우도 있어, 더 꼼꼼하고 치밀한 준비가 요구됩니다. 120분 강연은 80분과는 다르기 때문입니다.

인원수에 따라 강연 장소가 결정되는 수가 많습니다. 보통 100명이 넘는 대인원인 경우 체육관에서 하는 경우가 많지만, 지방의 작은 학교에서는 30명 정도 되는 적은 인원인데도 체육관에서 하는 경우가 흔합니다. 체육관인 경우 마이크 등 음향 장치가 중요하기 때문에 소인원이라고 하면 학교의 도서실이나 '두 칸 교실'로 장소를 옮기자고 부탁하는 게 좋습니다. 공간이 좁을수록 강연 효과는 배가 되기 때문입니다.

체육관에서는 앉는 방법도 무시하지 못합니다. 바닥에 깔판을 깔고 털퍼덕 앉는 경우 80분 동안 자세를 유지하기 쉽지 않습니다. 저학년인 경우 더 힘듭니다. 몸을 뒤틀거나 심한 경우 바닥에 누워 버리는 아이가 나오기도 합니다. 체육관에 접이식 의자를 놓는 경우 자세를 바로 할 수 있지만, 책이나 종이(나의 경우에는 좀 곤란한 문제가 생긴다. A4지를 나누어 주어야 하는데, 책받침이 필요하기 때문이다. 1학년이나 2학년 등 저학년의 경우 물건을 바닥에 떨어뜨리는 일이 자주 생긴다)를 나누어 줄 때 무릎 위에 잘 올려놓지 못하는 일이 생기기도 합니다.

체육관에 비해 시청각실은 강연자들이 가장 선호하는 공간입니다. 무엇보다 마이크의 음향 전달력이 대체로 좋아 인원수(150명을 수용하는 시청각실도 있다)에 관계없이 아이들을 집중시킬 수 있습니다. 하지만 좌석이 고정식이고 앞뒤 간격이 아주 좁아 좌석 출입이 불편합니다. 테이블이 작아 저학년의 경우 물건을 자주 떨어뜨리고 찾는 과정에서 전체의 주의력이 분산되기도 하죠. 그것 말고 시청각실은 강연 장소로서는 가장 선호하는 공간이 틀림없습니다.

주제에 따라 아이들이 강연자의 작품(작가와의 만남 전에 학교에서는 책을 구입, 학급별로 나누어 주어 회독시키는 경우가 대부분이다)을 미리 읽으면 강연 진행이 원활해집니다. 하지만 모든 학교에서 철저하게 사전 독서를 시키는 건 아니라는 점을 알아 두어야 합니다. '한 학기 한 권 읽기'처럼 오랜 시간을 두고 사전 독서를 하는 경우는 문제가 거의 없습니다. 아이들의 개인차가 있어도 대부분의 아이가 독서를 제대로 했을 가능성이 높기 때문입니다. 하지만 작가와의 만남을 앞두고 모든 학교가 사전 독서를 충분하게 시키는 건 아닙니다. 시간(충분한 여유 없이 갑자기 일정을 잡는 경우도 있다) 때문에 사전 독서를 못 하는 학교도 있고, 아이들 개인차가 너무 심해 일부 아이들만 작품을 이해하는 경우도 있습니다. 아이들의 독서 상황에 대해서는 강연 전에 담당 교사나 사서에게 적극적으로 물어 보는 게 필요합니다(사서의 경우 교실 상황에 대하여 교사와 원활한 소통을 못 하여 독서 상황을 잘 모르는 일도 있다. 그럴 경우에도 더 정확한 정보를 부탁하여 대비하는 게 좋다).

다양하고 또 다양한
성인들과의 만남

강연자로서 성인을 만나는 길은 여럿 있다. 가장 일반적인 것은 공공도서관이나 교육지원청, 평생학습관 등의 인문학 강연이다. 대개 큰 주제를 정해서 2회차 또는 3회차로 진행되기도 하지만, 한 번의 특강으로 기획되기도 한다. 또 학교에서도 성인을 만나기도 한다. 학교에서는 주로 학부모 연수 형식으로 진행되는데 청중 대부분 여성이다. 성인과 어린이가 포함된 가족 행사는 학교뿐만 아니라, 공공도서관에서도 곧잘 기획된다.

성인 대상 작가와의 만남에 참여한 사람들은 무엇보다 연령대가 다르다. 20대부터 시작하여 70대, 심지어 80대 초반의 어르신이 오시기도 한다. 직업군도 다양하다. 회사원부터 자영업,

무직, 전문직에 이르기까지 대중이 없다. 어디 그뿐인가. 학력이나 수준차도 여간 크게 나는 게 아니다. 눈높이를 맞추기가 힘들다는 뜻이다. 이렇게 따지고 보면 성인 강연이 얼마나 어려운지 알 수 있다. 그나마 내 경우처럼 생태환경을 주제로 강연하면 자원활동가나 생태해설사 또는 생태환경에 관심이 있는 성인들이 많이 모인다. 같은 직종의 성인 강연은 비교적 수월한 편이지만 (강연 중 참석자의 반응이나 질문 등을 통해 어느 정도 판단할 수 있다), 사전에 자신이 어떤 일을 하는지 알려주는 경우는 없다.

 학부모 연수는 엄마들이 자신보다 자녀를 위한 새로운 교육정보를 얻기 위해 오는 경우가 많다. 강연을 마치고 질문을 받아 보면 대개 자녀들의 교육이나 독서, 진로와 진학 등과 관련된 내용이 많다. 강연자가 달라도 대개 주제도 비슷하다. '자녀의 미래를 위한 습관'이라든지 '기후 위기 시대의 자녀교육' 등등 분야는 달라도 자녀의 교육이나 자녀의 미래에 관한 강연이 주류를 이룬다.

 학부모를 만날 때는 세상이 광속도로 바뀌고 있다는 점에 주목하자고 말한다. 사실 우리 사회는 많이 변화한 것 같지만, 속을 들여다보면 껍데기나 형식이 바뀐 것이지 실제 내용이 바뀐 건 많지 않다. 그저 삶이 편리해졌을 뿐이다. 과거에는 이동을 할 때 걷거나 우마차를 타고 가던 것을 버스나 지하철, 자동차로 다니게 된 것이다. 이동 속도는 획기적으로 변했다. KTX를 타면 시속 300킬로미터 가까운 속도로 이동한다. 하지만 빠른 이동이 우리의 삶을 근본적으로 바꾸어 주는 건 아니다. 우리의 삶이 충만하려면 인간의 존엄, 타인에 대한 배려와 사랑, 공평하고 공정한 법의 운용 등등 많은 것이 충족되어야 한다. 적어도 인간의 존엄이라는 가치만큼은 유지되고 공감하는 사회적 합의가 뒤따라야 한다.

하지만 과연 그러한가? 현실에서는 위법과 탈법이 난무한다. 사회 기득권은 자신들의 힘과 돈을 무기로 법질서를 무력화하여 사적인 이득을 취한다. 공정하지도 공평하지도 않은 일이 계속된다. 사회적 양극화 현상을 막을 수가 없다. 학생들은 어떠한가. 여전히 단순암기식 교육으로 대학입시에 몰입한다. 과거에는 열심히 공부해서 좋은 대학에 들어가고 졸업한 뒤 대기업에 들어가면 성공이라고 했다. 지금은 그런 등식마저 다 깨졌다.

"영어를 잘하면 아이들에게 기회가 많이 생기지 않나요?"

이따금 이런 질문을 하는 학부모가 있다.

과연 그럴까? 우리 사회에서 영어를 잘하는 아이들은 나중에 커서 좋은 직장을 얻고 성공적인 삶을 살아갈 수 있을까? 그렇지 않다. 과거에는 그런 조건이라면 좀 더 나은 직장을 얻었을지 몰라도 지금은 다르다. 기자 생활을 하면서 알게 된 외국계 회사의 이사가 있었다. 임원인 그는 의외로 영어가 서툴렀다. 그는 외국인과 회의할 때 영어가 능숙하지 않아서, 단어 몇 개로 의사소통을 하면서 회의를 했다. 영어는 좀 서툴렀지만 그는 그 외국계 회사에 아주 유망한 인재였다. 그는 아이디어가 뛰어났고 회사의 크고 작은 사태에 놀라운 순발력을 발휘하며 해결하기도 했다. 그의 예에서 보듯이 영어 실력이 절대적으로 성공을 보장한다고 하긴 어렵다. 세상이 빛의 속도로 바뀌는 오늘날, 과거의 성공 기준이 유효하다고 고집하는 데는 무리가 따른다는 점을 강조한다.

성인 대상 인문학 강연 때는 생태환경을 우리의 삶에 결부하여 공감을 이끌어 낸다. 단순한 지식이나 정보를 전달하는 것도 중요하지만, 세상을 살아본 성인들, 특히 나이가 많은 사람들은 강연자의 진정성에 주목하는 경우가 많다. 잡지식을 전해 주기보다 하나하나의 이야기에 자신의 삶과 경험이 녹아든 내용을 전해 주었을 때 반응이 좋았다.

"작가님을 모셔다 드려도 될까요?"

충남 논산의 한 공공도서관에서 인문학 강연을 하고 나서는데, 어르신이 내게 다가와서 말했다. 비가 오니 논산역까지 태워 주겠다는 말이었다. 나이가 일흔 살이 넘어 보여서 감사하다며 정중하게 사양했다. 하지만 그분은 막무가내였다. 할 얘기도 있다고 하셨다. 그분의 차를 타고 가면서 슬쩍 물어 보았다.

"오늘 강연 어땠습니까?"

"좋았습니다."

그냥 통상적인 대답으로 들렸다.

"뭐가 좋았는지 말씀 좀 해 주실 수 있나요?"

좀 구체적인 답을 듣고 싶었다. 좋았다면 무엇이, 왜 좋았는지 알고 싶었다.

"진정성이라고 할까요.. 뭐 그게 느껴졌어요."

의외의 답변이었다. 그는 아주 진중한 표정으로 말을 이어갔다.

"우리 정도 나이가 되면 이상하게도 그런 걸 보게 됩니다. 저 사람의 말이 남의 얘기를 그냥 끌어다가 하고 있는지, 아니면 자기가 살아온 삶을 이야기하는지를 말이죠."

그는 운전을 하면서 담담하게 말했다. 단순한 정보나 소식을 듣고 싶은 게 아니라, 강연자 가슴 깊숙한 곳에서 솟아나는, 뭔가 의미 있는 메시지를 찾아 듣고 싶었던 거라고 말이다. 역까지 가는 동안 할 말을 잃었다. 과연 나는 인문학 강연을 할 자격이 있는 걸까? 내가 계속 이런 강연을 해도 되는 걸까? 자문이 이어졌다. 아, 정말 대충 해서는 안 되겠구나, 하는 압박이 머리를 눌렀다.

교사 연수를 하면서 학교에서 성인들을 자주 만난다. 교사 연수 때는 선생님들에게 늘 미안한 감정이 생긴다. 그 얘기를 꼭 한다. 교사들은 하루 종일 수업을 한 다음 오후 3시쯤 연수를 하게 된다. 아주 피곤한 시간일 수밖에 없다. 일반 성인 대상 인문학 강연과 달리 교사 연수 때는 재미있고 즐거운 장치를 여럿 마련한다. 무겁고 심각한 이야기도 넣지만, 재미도 있으면서 의미 있는 이야기를 준비한다. 중간중간 가볍게 퀴즈 형식으로 질문을 던지고 작은 에코백에 사인을 해서 선물로 준다.

선생님들에게는 내가 어렸을 적의 학교 경험담을 꼭 넣는다. 예를 들어 어린 시절 산수(수학)를 싫어하게 된 계기를 이야기할 때 꽤 관심 있게 듣는다. 나는 초등학교 때 분수를 배우는 단계에서 수학을 싫어하게 되었다. 분모가 다른 두 분수를 더할 때 통분을 하는데, 선생님에게 통분을 하지 않고 두 분수를 더할 수 있는 방법이 없느냐고 물었다가 야단을 맞았다. 시키는 대로 문제를 풀 것이지, 왜 따져 묻느냐고 말이다. 그 에피소드를 이야기하면서 실제 분수의 정의와 개념을 교사들에게 묻는다. 요즘 젊은 교사들은 대학에서 수학의 개념에 대해 많이 공부한다고 한다. 대개 젊은 교사가 내가 묻는 분수의 개념을 정확하게 맞추어 박수를 받는다.

학교의 관리자인 교장 대상 연수 때는 좀 색다른 걸 느꼈다. 보통 생태환경을 주제로 여러 가지 에피소드를 이야기하는데, 교장선생님들은 여럿이 다양한 의견을 앞다투어 내놓게 되는 토론 거리를 좋아한다는 걸 알았다.

예컨대 아주 오래전 영국의 각 가정에 배달된 우유병에 누군가 손을 댔다. 범인은 놀랍게도 박새였다. 박새는 우유병 위에 올라온 크림을 쪼아먹었다. 우유 크림 도둑질을 시작한 것이다. 그런데 울새도 크림 도둑질을 따라하기 시작했다. 소비자들의 항의가 잇따르자, 우유회사에서 마개를 만들었다. 우유 크림 도둑질이 사라지는가 싶었는데, 박새들이 다시 마개를 뚫어서 크림을 쪼아먹었고 울새도 마개를 쪼아 크림 훔치는 걸 따라했다. 당시 영국의 사회학자들이 산새들의 우유 도둑질에 관심을 가진 건 다른 이유가 있었다. 똑같이 따라하던 울새들이 어느 시기가 되니까 더 이상 도둑질을 하지 않았다.

울새들의 도둑질은 왜 멈추었을까? 사회학자들은 바로 이 점에 의문을 품고 연구를 시작했다. 박새와 울새, 현관 앞의 우유병 사진을 보여주며 교장선생님들에게 질문을 던졌다. 이유가 뭐냐고. 이 질문은 일반 성인 대상 인문학이나 교사 연수 때도 넣는데, 교장선생님들의 관심은 예상 밖이었다. 등받이에 몸을 기대고 있던 교장선생님들이 갑자기 손을 들면서 의견을 내놓았다. 대여 섯 명이 대답을 하자, 다른 교장선생님들도 경쟁하듯 자신의 생각을 말했다. 학교라는 같은 공간에 있지만, 관리자와 교사의 관심사가 다르고 보는 시각의 차이도 있다는 걸 느꼈다.

성인 대상 강연에서 가장 기억에 남는 건 노숙인을 위한 인문학이었다. 경기 성남 방송국에서 객원기자를 할 때였다. 노숙인 무상급식 운동을 하는 이탈리아 출신의 빈첸시오 신부님을 만났는데, 어느 날 내게 노숙인들에게 인문학 강연을 부탁한 것이다. 성당의 급식소에는 하루 500명이 넘는 노숙인들이 오는데, 강연을 통해 그들에게 새로운 삶을 만들어 주고 싶다고 했다. 신부님은 여러 사람의 이야기를 통해 노숙인들이 보통의 삶으로 되돌아가기를 바라고 있었고 그게 가능할 것이라고 확신하고 있었다.

드디어 성당의 한 회의실에서 노숙인들을 만났다. 노숙인들 20여 명이 뚫어지게 나를 쳐다보았다. 대체 무슨 이야기를 하는지 궁금하다는 표정으로. 나는 생태 이야기 대신 전혀 다른 이야기로 강연의 물꼬를 텄다. 내가 살아온 이야기를 시작했다. 주로 잘된 이야기보다 잘못 되었거나 실패한 사례들이었다. 중학교 입학하자마자 반장을 뽑는데, 수학 교사인 담임이 초등학교 때 반장했던 아이들을 불러내어 수학 문제를 내주었다. 담임은 문제를 푼 아이를 반장으로 뽑았다. 나는 항의했다. 수학 문제와 반장 선발이 무슨 관계가 있느냐고. 따져 묻던 나는 담임에게 따귀를 맞았다. 따귀를 맞으면서 나는 결심했다. 내 인생에서 수학은 없다고. 수학을 포기한 나는 대학을 들어가려고 남보다 몇 배 더 고생을 해야만 했다. 수학 문제 50점을 포기하고 내가 원하는 대학에 들어갈 수 없었으니까 말이다. 사업을 하다가 망해서 가족 모두 수년 동안 고생한 이야기를 하는데, 몇몇 노숙인들이 고개를 끄덕이며 눈물을 훔치고 있었다. 실패담을 주로 이야기했지만, 희망을 말하는 것도 잊지 않았다. 또 누구나 살다 보면 최악의 어려움에 빠질 수 있다고. 판사를 하는 친구의 말을 인용했다.

"인생을 살다 보면 법원에 올 일이 꼭 한 번은 나온다."

아무리 착하게 산다고 해도 세상은 그런 사람을 아름다운 정원에만 머물게 하지 않는다는 말이다. 법원에는 꼭 나쁜 짓을 한 사람만 온다는 뜻이 아니라는 말이다.

성인 대상 강연은 아이들과는 차원이 다르다. 그렇다고 성인 대상 강연에 재미라는 요소가 빠져서도 안 된다. 두 시간 동안 앉아서 낯선 사람의 이야기를 듣는 건 쉬운 일이 아니다. 그들을 집중시키는 일은 단순한 우스갯소리 몇 가지 던진다고 되는 건 아니다. 재미는 있되, 의미가 있고 눈을 지그시 감고 생각하도록 만들어야 한다. 성인의 삶은 늘 불안하다. 그건 자신이 부유하건, 많이 배웠건 상관없다.

강연장에 온 사람은 다른 이들과 다르다. 뭔가를 추구하고 갈

망하고 얻으려는 사람들이다. 그들은 또 성인이기 때문에 다양한 경험도 한 사람이다. 마음에서 우러나오는 진정성이 있지 않으면 그들은 쉽게 귀를 열지 않을 것이다. 말을 잘한다고, 좋은 정보를 듬뿍 준다고 해서 성인들이 좋아하는 건 아니다. 모든 강연이 다 그러하듯, 무엇보다 그들의 마음의 문을 열도록 해야 한다.

비대면도
대면처럼

　코로나19가 팬데믹으로 확산된 뒤 강연자들에게 시련이 닥쳐왔다. 강연이 대폭 줄어든 것이다. 그런데 강연 섭외가 줄어든 것보다 괴로웠던 건 비대면 강연이었다. 컴퓨터 화면을 보고 강연하는, 이른바 비대면 강연은 시작도 하기 전에 숨이 막혔다. 비대면 강연은 한마디로 벽을 보고 이야기하는 것과 다르지 않았으니, 그럴 만했다.
　학교가 비대면 원격 강연의 시스템을 갖추고 아이들이 어느 정도 적응을 하면서 서서히 비대면 섭외가 들어왔다. 사회적 거리두기로 일체의 대면 강연이 불가했기 때문에 학교에서는 비대면이라도 진행해야 했다. 작가가 강연하는 장면을 영상으로 녹화해서 학교로 보내는 방식도 거론되었고, 실제 일부 학교에서 시행하기도 했다. 하지만 영상 강연 녹화는 비대면 라이브 강연과는 달랐다. 한두 학교가 하는 둥 마는 둥 하다가 이내 사라졌다. 줌Zoom을 통한 비대면 방식이 대면 시장을 거의 대체했다.

아이들과 얼굴을 맞대고 이야기하고 아이들의 표정과 리액션을 보면서 작가와의 만남을 해왔던 강연자로서는 여간 부담스러운 게 아니었다. 강연을 많이 하는 작가들과 만나 수시로 비대면 대책을 논의했다. 컴퓨터와 음향업체를 찾아다니며 기술적인 대응 솔루션을 찾았다. 지금이야 비대면 강연이 익숙해서 어려운 점이 없지만, 처음에는 정말 막막했다. 뭘 어떻게 해야 할지 판단할 수가 없었다. 시간이 지나면서 원격 비대면 강연에서는 시스템이나 기술적인 문제보다 강연 자체의 소프트웨어적인 해결책이 더 절실하다는 걸 깨달았다. 쉽게 말해서 강연의 방식이었다. 비대면의 특성상, 대면과는 다른 새로운 강연 방식을 찾아야만 했다.

비대면 실전 강연을 해가면서 문제점들을 하나씩 풀어갔다. 비대면 강연을 처음 할 때는 의자에 앉아서 했다. 그건 너무 정적인 느낌을 주었다. 움직임이 거의 없으니 아이들이 지루해하는 것 같았다. 컴퓨터 모니터를 높이고 스탠딩 강연 방식으로 바꾸었다. 선 채로 강연을 하니까 상반신 움직임이 훨씬 더 자연스러워졌고 움직임의 폭도 커졌다. 화면 안에서 내 모습을 더 다이내믹하게 보여 줄 수 있었다. 스탠딩 강연의 장점은 또 있었다. 앉아서 말을 하면 우리 몸의 상체와 하체가 꺾이게 되어 발성이 제대로 안 된다. 그에 비해 스탠딩 자세는 발성도 좋아지고 목소리도 더 힘있게 나온다.

〈1917〉이란 전쟁영화가 있다. 조지 맥케이가 주연을 하고 샘 멘데스 감독이 연출을 맡은 영화로, 아카데미 3개 부문 상을 거머쥐었다. 1차 세계대전 중 중요 임무를 전달하기 위해 두 병사가 적진을 뚫고 가는 스토리를 담은 이 작품은 영상미가 특히 돋보인다. 두 병사는 이동하면서 대사도 거의 없다. 특이한 것은 카메라가 끊임없이 주인공을 뒤따라간다. 주인공이 달려가면 카메라도 뒤따라간다. 조용하고 적막한 영화지만 관객은 두 시간 동안 눈을 떼지 못한다. 끊임없이 움직이는 배우의 모션 때문이다. 주인공의 몸은 계속해서 움직인다. 때로는 다가오다가, 때로는 앞으로 간다. 달리기도 하고 기어가기도 한다. 주인공의 얼굴이 커졌다 작아졌다를 되풀이한다. 관객의 눈은 쉬지 않고 배우를 따라가며 영화에 몰입한다.

내가 비대면 강연을 앉아서 하지 않고 서서 하는 까닭이 바로 여기에 있다. 컴퓨터 모니터를 통해 강연자를 보아야 하는 아이들에게 움직임이 없는 화면은 정말 지루하기 짝이 없다. 비대면 강연에서는 치명적이다. 강연자는 손이나 상체를 자주 움직여 주어야 한다.

"비대면에서 아이들을 대체 어떻게 집중시키나요?"

비대면 강연 빈도가 잦아지면서 강연자들의 한숨이 깊어졌다. 작가들마다 비대면 강연의 고충을 털어놨다. 비대면 강연 섭외가 들어오면 아예 포기하는 사람도 나왔다. 강연자들이 가장 고민하는 부분은 아이들을 어떻게 집중시키느냐는 것이다. 사실 대면 강연에서도 아이들을 집중시키는 일은 결코 쉽지 않다. 비대면은 당연히 더 어려울 수밖에 없다(대학교수들의 얘기를 들어보았더니, 그들 역시 온라인 강의가 너무나 힘겹다고 하소연한다. 비대면은 하나부터 열까지 그대로 노출되는 바람에 완벽을 기해야 하는 건 기본이고, 온라인 강의 장면이 일거수일투족 녹화가 가능해서 언제든 약점이 잡혀 괜한 고생을 하기도 한다고).

강연자를 위한 강연 때 내가 제일 먼저 하는 얘기가 있다. 비대면 줌 강연 메뉴에 '음소거' 표시가 있다. 학교 강연에서 교사들은 아이들에게 일괄적으로 음소거를 하라고 지시한다. 즉, 아이들의 목소리가 들리지 않도록 설정하라는 거다. 교사들은 짧은 경험을 통해 음소거 설정이 비대면 수업에서 매우 중요하다고 판단하고 있었다. 그건 일방적으로 수업을 할 때의 상황이라고 본다. 나는 음소거 설정이 절대 이롭지 않다고 결론 내렸다. 음소거 방식이 비대면 수업 진행에 도움이 될 수는 있겠으나, 강연에는 잘 맞지 않는다.

"아이들 대상 강연은 일방적으로 떠드는 게 아니잖아요."

강연은 수업과 다르다. 기본적으로 강연자와 아이들 간에 소통이 필요하다. 따라서 음소거를 한다는 말은 일방통행식의 강연을 한다는 뜻이다. 상대방의 말을 듣지는 못해도 그들이 어떻게 반응하는지는 알아야 한다. 강연자는 실시간으로 상대방을 판단하고 대응해야 한다. 나는 어떤 경우에도 음소거를 해제하도록 부탁한다.

음소거를 해제하지 않았을 때 문제점이 없는 건 아니다. 집안에서 나는 온갖 소음들이 실시간으로 전송된다. 화장실 변기 물 내리는 소리, 쾅쾅 문 닫는 소리, 식구들 이야기하는 소리, 심지어 엄마와 아빠가 싸우는 소리가 들릴 때도 있다. 하지만 비대면 강연에서는 화면이 증명사진보다 작게 얼굴 하나 달랑 보이는데, 음소거까지 한다면 강연자와 아이들간의 소통은 어쩌란 말인가. 이 문제를 몇 차례 고민하다가 과감히 결정했다. 음소거 해제!

물론 갑작스레 잡음이 들려와 강연이 잠시 중단되는 일이 생기기도 했다. 그럴 때는 서둘러 수습한다. 컴퓨터에 익숙한 아이들은 누구한테서 노이즈가 나오는지 재빨리 찾아내기도 한다.

아이들의 컴퓨터 실력을 과소평가할 필요가 없다. 음소거를 해제한 상태라면 상대방, 즉 아이들의 반응을 실시간으로 들을 수 있다. 질문을 던지고 아이들로부터 여러 가지 답변을 받을 수도 있다. 물론 아이들로부터 대답을 듣는 과정이 좀 원활하지 않을 수 있다. 그렇게 소소한 문제가 있어도 음소거 해제는 절대적으로 유리하다.

음소거 해제 강연은 다수의 아이들이 참여할 때 그 효과가 좋다. 예컨대 아이들이 집이 아니라, 각 교실에서 대형 모니터를 보면서 한꺼번에 강연을 들을 때(여러 학급이 동시에 참여하는 비대면 강연도 있다. 아이들은 각자의 모니터가 아닌, 교실의 대형 모니터를 통해 강연을 본다) 음소거를 해제하면 모든 학급의 함성과 대답 소리를 들을 수 있다. 이런 리액션은 비대면 강연의 지루함을 없애 주고 아이들의 흥미를 높여 준다. 그보다 더 중요한 건 큰 소리가 들려오면서 아이들의 강연 집중도도 덩달아 커진다는 점이다. 함성과 박수 소리가 크게 들려오면 아이들은 흥분하기 마련이다.

비대면 강연 80분은 결코 짧지 않다. 아이들의 집중시간은 짧다. 1학년이나 2학년 등 저학년의 경우는 더 짧아진다. 그런데 대면도 아닌, 비대면 강연이라면 그 집중력은 훨씬 더 떨어질 수밖에 없다. 아이들이 더 집중할 수 있는 장치를 마련해야 하는 이유가 바로 거기에 있다. 나는 대면 강연 때 포인트를 준다. 아주 간단하다. 복사 용지(주로 A4) 한 장씩 아이들에게 나누어 주고 내 질문에 손들고 답할 때마다 포인트를 준다. 포인트는 저학년들에게는 손쉽게 그릴 수 있는 동그라미를 주고, 중고학년에게는 숫자를 더하게 한다. 그런데 비대면에서도 포인트를 준다. 놀랍게도 꽤 효과적이다. 아이들이 학교에 있든, 집에 있든 상관없다. 어디든 종이 한 장만 있으면 그만이니까. 복사 용지를 꺼내도록 하지만, 연습장 종이도 상관없다. 연필이나 사인펜 등 필기도구 하나를 종이 옆에 놓으면 준비 끝이다. 비대면에서는 일일이 답변을 듣는 게 빠르고 원활하지 않기 때문에 주로 단체질문을 한다. 질문을 던지고 보기를 두 개 준다. 둘 중에 하나에 손을 들게(이때 손을 드는 방식은 간단하다. 한 손을 쫙 펴서 모니터에 가까이 대는 거다) 하여 포인트를 주는 거다. 인원이 적을 경우(대개 20명 이내)에는 개인 의견을 받으며 그때그때 포인트를 준다.

비대면 분위기를 더 달아오르게 하려면 포인트 개수를 크게 높인다. 아이들은 포인트 숫자가 커지면 환호한다. 매번 높은 포인트를 받으면서 아이들의 표정이 달라지는 걸 볼 수 있고, 순간 집중도도 높아진다. 참가 인원이 많지 않으면 강연이 끝나기 직전 숫자나 동그라미를 모두 더하도록 한다. 종이 뒷면에 적은 동그라미 숫자를 모니터에 비추게 하여 시상을 할 수 있다. 만일 교실에서 여러 학생이 동시에 하는 대인원이라면, 담임교사에게 최고 포인트 아이를 별도로 뽑아 시상하도록 부탁할 수도 있다.

비대면 강연 중 체험활동도 진행할 수 있다. 미션 주제를 내주고 아이들이 활동을 한 다음 시상하는 과정도 참가 아이들의 흥미를 높인다. 비대면 강연에서는 주로 그림그리기 미션을 내준다. 주제를 정해 주고 짧은 시간(대면 강연 때는 대략 15분~20분 정도 쓰는데, 그때 동시에 사인회를 진행한다. 비대면에서는 체험활동은 5분이 넘지 않도록 한다. 대략 5분이 지나면 집중력이 급격히 떨어지고 여기저기서 시끄럽게 떠드는 소리가 들려오면서 관리가 어려워지기 때문이다) 안에 미션을 완수하도록 한다.

나는 비대면 강연 때 우리집 고양이 레옹도 등장시켰다. 강연 1부(40분)가 끝날 무렵 2부를 예고해 준다(비대면 때는 눈의 피로도 고려하여 학교처럼 10분간 휴식 시간을 갖는다). 2부 시작할 때 우리집 고양이 레옹이 등장한다는 것을 알려 주는 것이다. 고양이가 나온다는 말에 아이들이 환호성을 지른다. 고양이가 문제도 출제한다고 말하면 깜짝 놀란다. 2부에 대한 기대감을 더욱 증폭시키는 전략이다. 아이들은 쉬는 시간에도 모니터 앞을 떠나지 못한 채 고양이를 기다린다. 2부가 시작되면 곧 고양이를 안고 모니터 앞에 나타난다. 아이들이 소리를 지르며 고양이를 반긴다. 그때 고양이와 관련된 문제를 한두 개 정도 내준다(간단하게 복화술을 이용할 수도 있다). 고양이로 달궈진 분위기는 2부의 비대면 진행에 적잖이 도움이 된다.

비대면 강연이 부담스러운 건 사실이다. 나도 비대면 줌 강연 때 더욱 긴장한다. 강연 자체보다 언제든 기술적인 돌발 사태가 나올 수 있기 때문이다. 언젠가 지방 호텔에서 줌 강연을 할 때 화면이 끊기는 돌발상황이 벌어졌다. 노트북 무선 와이파이로 강연을 한 게 화근이었다. 그 뒤 전문가의 자문을 받아 해결책을 찾았다. 랜선을 구입해서 호텔 텔레비전에 연결되는 포트에 직접 연결한다. 유선이라 화면이 끊기는 따위의 돌발상황은 절대 생기지 않게 되었다.

비대면 강연에도 전략이 있어야 한다. 무엇보다 강연에 참여자의 집중력을 높이는 게 중요하다. 정해진 시간 안에서 아이들의 흥미를 더 끌어내고 집중력을 높이기 위해서는 다양한 아이디어가 필요하다. 예컨대 장난감 비단뱀이 화면 뒤로 지나가는 장면을 연출할 수도 있을 것이다. 비행기나 나비와 같은 소품을 날리기도 할 수 있다. 소품이나 장치가 강연 중간에 움직이거나 작동하게 되면 아이들은 놀랄 수밖에 없다. 일종의 환기도 시키고 흥미를 크게 유발할 수 있을 것이다. 자신의 작품과 관련한 그림자극 등을 만들어 보여 줄 수도 있을 것이다.

'비대면을 대면처럼' 할 수 있는 방법은 얼마든지 있다. 자신의 작품을 활용해서 아이디어를 짤 수 있을 것이다. 더 좋은 아이디어가 있다면 비대면에서는 꼭 작품과 관련이 있어야 하는 건 아니다. 아이들에게 흥미를 유발할 수 있는 방법이 있다면 한두 번쯤 중간중간에 활용하는 것도 좋다.

코로나19가 끝나가면서 새삼 비대면 이야기를 하는 건 이유가 있다. 코로나가 창궐할 때 비대면 강연이 주류를 이루었는데, 사람들은 비대면의 장점을 발견했다. 그건 바로 시공간을 넘어선 장점이다. 안방에서도 강연을 할 수도, 들을 수가 있다는 점이다. 학교에서는 다시 오프라인 강연이 대세를 이루겠지만, 그 밖의 강연은 온·오프라인이 동시에 이루어질 수 있을 것이다. 또 하나. 코로나19 이후 언제든 새로운 코로나 바이러스가 나타나 다시 비대면 세상이 된다고 해도 놀라지 않을 거다.

에필로그
마지막 당부

　초등학교부터 고등학교 다닐 때까지 지속적으로 한 일이 있다. 그건 바로 지각이었다. 아침잠이 많은 나는 초등학교 때부터 지각 대장으로 소문나 있었다. 초등학교 때는 통학단이라고 해서 동네 아이들이 모두 모여 깃발을 들고 산 너머 학교에 갔다. 단체로 등교를 했으니, 출발 시간이 정해져 있었다. 부모님은 아침 일찍 밭일하러 나가셨기 때문에 늦잠 자는 나를 깨우지 못하셨다. 뒤늦게 일어나 허겁지겁 마을 공터 출발지에 가 보면 동네 친구들은 이미 산을 넘어간 뒤였다.
　나는 혼자 울창한 산길을 가지 못했다. 숲속을 바라보면 온갖 괴물들이 나올 것 같았다. 칡넝쿨에 매달린 괴물, 상수리나무를 타고 다니는 괴물, 땅속에서 불쑥 솟아나오는 괴물, 산 너머 반쯤 파헤쳐진 산소에서는 소복을 입은 괴물이 나올 것만 같았다. 내가 갈 수 있는 건 논둑길이었다. 산기슭을 따라 돌아가는 논둑은 아주 멀었지만, 무서운 괴물을 피할 수 있었으니 다행이었다. 문제는 뱀이었다. 아침에 둑길을 가다 보면 물뱀이 햇볕을 쬐려고 똬리를 틀고 있었다. 화들짝 놀라 도망가다가 발이 진흙 수렁에 푹 빠져 번번이 고무신을 잃어 버렸다. 나는 지각을 해서 선생님한테 야단을 맞고 고무신을 잃어 버렸다고 엄마한테 또 야단을 맞았다.

영국의 세계적인 작가 존 버닝햄의 그림책 『지각대장 존』은 지각을 소재로 한 이야기인데, 메시지가 분명하다. 주인공 존은 매일 아침 등교할 때마다 사건이 벌어진다. 어느 날은 악어가 나와서 가방을 물기도 하고, 또 어느 날은 사자가 나타나서 지각을 한다. 또 어떤 날은 거대한 파도가 덮쳐서 학교에 늦고 만다. 존에게 그런 이야기를 들은 선생님은 말도 안 된다며 펄쩍펄쩍 뛴다. 선생님은 존에게 야단을 치며 반성문을 쓰게 한다. 존은 그렇게 즐겁지 않은 학교에 간다. 그러다가 마지막에는 대반전이 나온다. 존이 학교에 도착했을 때 선생님은 거대한 고릴라에게 잡혀 도와 달라고 외친다. 존은 말도 안 되는 소리라며 차갑게 발길을 돌린다. 아이들이 상상력을 발휘하며 자유롭게 살지 못하는 학교 세상을 풍자한 이야기인데, 마지막 대목은 정말 고소하기 이를 데 없다.

독일에 사는 친구에게 독일인의 지각에 대한 인식을 물었다.

독일인은 지각 자체를 이해하지 못한다고 한다. 약속을 했으면 철저하게 준비를 해서 제시간에 오는 게 너무나 당연하다는 반응이다. 어느 날 독일 친구 집에 초청을 받아 식구들과 함께 갔다고 한다. 꽤 먼 시골인데다가 교통체증이 심한 구간이라 몇 시간 동안 고생하면서 도착했는데, 딱 15분 늦었단다. 서로 아주 친하게 지내는 사이이고 먼 곳을 찾아왔으니 충분히 이해하고도 남을 일이었지만, 독일인은 저녁 파티 내내 그 15분에 대해 구시렁거렸다고 한다. 당신들이 늦은 15분 때문에 수프가 더 끓어 맛이 없어졌다는 둥, 제시간에 맞춰 구운 쿠키도 바삭바삭해지지 않았다는 둥 끊임없이 농담을 이어갔다는 거다. 가만히 들어 보니 그건 농담이 아니라 가시가 박힌 진심이었다는 거다. 미국인이나 홍콩인들도 지각에 대해서는 아주 냉정하게 반응한다고 한다. 비즈니스를 하는 미국인은 여간해서는 지각을 안 하는 게 예의이고, 홍콩인들도 시간관념이 아주 철저하다고 한다.

오래전의 일이다. 12월 하순경 충북 보은의 한 초등학교에서 작가와의 만남 행사를 하는 날이었다. 행사는 3·4교시였다. 오전 9시쯤 고속도로 보은IC를 빠져나왔다. 천천히 가도 2, 30분이면 도착할 수 있었다. 그때 국도에 들어서는 순간이었다. 싸락눈이 내리기 시작했다. 어느새 기온도 뚝 떨어졌다. 길이 미끄러워져서 속도를 낼 수가 없었다. 차에는 스노체인도 없었다. 싸락

눈은 순식간에 폭설로 바뀌었다. 오르막길과 내리막길이 계속되었다. 도로가 꽁꽁 얼어붙어 엉금엉금 기어갈 수밖에 없었다. 어느덧 시간은 10시를 지났지만 도로 사정은 나아질 리 없었다. 담당 교사에게 전화를 걸었다. 폭설을 알리고 아무래도 늦을 것 같다고 했다. 내 속은 새까맣게 타들어갔다. 약속 시간이 지나면서 차라리 충돌사고가 나든지, 전복사고라도 났으면 하고 바랐다. 죽어도 지각은 하고 싶지 않았다. 내가 도착한 건 한 시간이나 지난 뒤였다. 전교생 수십 명과 교사들이 현관까지 나와 환영해 주었다. 학교에서는 긴급히 행사 시간을 5·6교시로 바꾸었지만, 지각은 지각이었다.

학교 강연 다니다 보면 엉뚱한 일이 벌어지기도 한다. 보성초등학교에서 행사를 하는 날이었다. 서울에서 꽤 먼 길이어서 전남 순천에서 숙박을 하고 아침에 보성으로 넘어가려고 했다. 보성까지는 불과 30분이면 갈 수 있는 거리였다. 아침 식사를 하다가 문득 이상한 느낌이 들어 독서 담당 교사에게 전화를 걸어 보았다.

"작가님, 용인에서 벌써 출발하셨어요?"

담당 교사가 물었다.

"어제 순천에서 자고 지금 아침 먹고 있어요. 잠시 후 보성 가려고요."

"아니, 보성으로요? 이런!."

담당 교사가 당황해했다.

학교는 전남 보성이 아니라, 충남 예산에 있는 보성초등학교였다. 예산이라는 말에 먹던 숟가락을 내던지고는 서둘러 자동차에 올라탔다. 다행히 크게 지각은 하지 않았지만, 피피티를 깔고 음향을 체크하는 등 강연 준비를 하느라 시작이 10분이나 지나 버렸다. 보성초등학교는 당연히 전남 보성이라 생각했고, 학교에서도 특별히 그 부분을 알려 주지 않았다. 꼼꼼히 챙기지 못한 내 불찰이었다.

다른 계절은 몰라도 겨울철은 보은의 사례처럼 눈이라는 복병 伏兵이 있다. 눈이 내리고 기온이 영하로 떨어지면 대책이 없다. 전북 지역에 폭설이 왔을 때 강연 일정이 잡힌 적이 있었다. 강연 마치는 시간이 12시였고, 그다음 일정은 오후 1시였다. 평상시라면 30분 안에 닿을 수 있는 거리였다. 문제는 도로에 눈이 10센티미터나 쌓여 있는데, 폭설이 계속 내리고 있었다. 담당 교사에게 쉬는 시간을 줄여서라도 일찍 끝냈으면 한다고 부탁했더니, 30분이나 앞당겨 주었다. 도로 바닥이 꽁꽁 얼어붙어서 시속 20킬로미터의 거북이 속도로 기어갔다. 제시간에 무사히 도착한 건 천운이었다. 마음이 급하니 그 아름다운 설경이 눈곱만큼도 아름다워 보이지 않았다.

요즘은 철도가 없는 무진장(무주·진안·장수) 지역이나 강원도와 충북의 산악지역에 겨울 일정이 잡히면 전날 무조건 숙박을 한다. 만에 하나 폭설이 내리면 한두 시간 걸어서라도 학교에 가려는 작전이다. 폭설이 내리면 자동차는 거의 무용지물이다. 하지만 '뚜벅이' 두 발은 어디라도 갈 수 있으니 어떠한 경우라도 지각을 피할 수 있다.

요즘은 강연에 절대 늦지 않기 위해 새로운 작전(!)을 운용 중이다. 1·2교시 강연 때는 아예 도시락을 싸간다. 학교에 일찍 도착해서 주차장에 차를 세워두고 그곳에서 아침 식사를 한다. 지방에는 아침 일찍 문 여는 식당이 없는 경우가 비일비재하기 때문이다. 식사를 해야 강연 시간 내내 버틸 수 있는데, 식당이 보이지 않는다면 그것도 재앙이다. 학교 인근에 편의점은커녕 구멍가게 하나 없는 지역도 적지 않다. 아침 도시락은 지각을 막을 수 있는 좋은 대안이 되고 있다.

오랫동안의 학교 강연을 통해 지각은 절대로 안 된다는 결론을 내렸다. 지각을 해서 행사 자체가 취소되는 상황이 벌어지면 사태가 심각하다. 학교는 이미 개학하기 이전에 일 년간의 학사 일정을 짠다. 학교에는 행사도 워낙 많기 때문에 일단 한번 잡은 일정을 여간해서는 바꾸지 않는다. 더군다나 학급수가 많다면 학년부장과 담임교사들이 모여서 회의를 하고 학교 전체 일정과 조율해야 한다. 그 과정이 만만치 않으니, 모든 원망은 지각한 강연자에게 돌아갈 수밖에 없다.

학교에 일찍 도착하면 할 일이 많다. 행사장 컴퓨터에 피피티를 깔아 두고 빔 프로젝트도 제대로 작동되는지 여유 있게 체크해 볼 수 있다. 또 행사장의 음향 장치도 테스트해 본다. 교실 강연이면 몰라도 대인원 대상 체육관, 한번 자리 잡으면 움직이기 어려운 시청각실의 경우 체험활동이나 무대 올라오기 등 여러 동선을 미리 상상해 두는 것도 도움이 된다. 콘서트 하는 공연자들은 적어도 행사 시작 몇 시간 전에 와서 리허설을 하고 입을 맞춰 보는 걸 목숨처럼 여긴다. 리허설은 완벽한 공연을 위한 준비이기도 하지만, 한편으로는 정식 공연 때 지각사태를 사전에 방지하는 역할도 한다.

언젠가 한 초등학교 중견 교사와 나누었던 이야기가 오래도록 내 머릿속에 각인되어 있다.

"어떤 강연자가 가장 나쁜 사람입니까?"

농담으로 물어 보았는데, 예기치 않은 진담이 돌아왔다.

"펑크 내는 작가가 가장 나쁜 사람입니다."

지각에 대해 다시금 생각해 보지 않을 수 없는 따끔한 답변이었다.

그동안 교사와 사서들로부터 작가와의 만남 때 주의해야 할

점이 무엇인지 묻고 또 물었다. 가장 주의해야 할 것은 아이들에게 야단치기다. 만일 강연 중 아이들에게 화를 내거나 야단치는 상황이 벌어진다면 최악의 상황이 되는 것이다. 강연을 하다 보면 아주 드물게, 심하게 장난을 치거나 강연자에게 내용과 상관없는 아주 이상한 질문을 던지면서 깐죽거리는 아이도 있다. 다른 아이가 질문을 하지 못할 정도로 계속해서 손을 드는 아이도 있다. 그때는 허벅지를 송곳으로 찌르는 심정으로 인내심을 발휘해야 한다. 절대로 화를 내거나 야단치면 안 된다. 만일 아이에게 야단을 친다면, 그 순간 다른 모든 아이들은 고개를 돌려 버리고 말 것이다. 설령 야단을 칠 수밖에 없는 상황이 있다고 해도, 아이들이 보는 시각이 다르고 자칫 이해를 못 할 수도 있다는 점을 생각해야 한다.

오래전 한 시민단체의 대표가 아이들과 학부모, 교장과 교사를 대상으로 강연하는 것을 참관한 적이 있었다. 대표가 강연하고 있는데, 두 명의 아이가 떠들고 있었다. 대표의 얼굴이 벌게지더니 갑자기 화를 내며 소리쳤다.

"어른이 이야기하면 잘 들어야지, 그렇게 떠들고 장난치면 되겠어!"

강연장은 순식간에 얼음장이 되었다. 교장과 교사들은 난감해하고 있었고, 아이들의 얼굴은 일그러졌다. 그 이후 아이들은 모두 조용했지만, 그 누구도 표정의 변화가 없었다. 마치 영혼 없는 마네킹들이 앉아있는 듯한 모습이었다. 내용과 상관없이 그 강연은 실패가 아닐 수 없다.

만일 도저히 강연을 진행하기 어려운 상황이라면 담당 교사나 사서에게 사인을 보내는 것이 좋다. 그러면 교사나 사서가 즉시 수습에 나설 것이다(대개 상황이 심각하다고 판단되면 담당자가 슬며시 다가가서 조치를 한다). 나는 강연 중 다른 이의 도움을 받는 것보다, 체험활동이나 즉석 미션으로 전환을 해서 환기하는 방법을 쓴다. 분위기가 바뀌면서 아이의 방해 행동이 자연스럽게 중단되기 때문이다.

일선 교사들은 외부인(강연자)이 왔을 때 아이들이 상처받지 않도록 조심해야 한다고 말한다. 예컨대 학교에는 어려운 형편의 아이들이 의외로 많다(지방으로 갈수록 가정 형편이 안 좋은 아이들이 더 많고, 대도시보다는 소도시나 시골이 더 열악하다). 부모가 이혼을 해서 할머니나 할아버지와 사는 아이들, 다문화 가정인데 이주민 엄마가 떠난 아이 등이 대표적이다.

"여러분의 엄마도 이렇게 잘 해 주시지?"

강연자가 아무렇지도 않게 할 수 있는 말이다. 그런데 엄마가 없는 아이라면 강연자의 말을 어떻게 받아들이겠는가. 더군다나 아이가 그 때문에 마음의 상처를 받은 경우라면 사태는 심각해질 수 있다.

교사들은 강연자가 아이들 앞에서 자신들을 깎아내리거나 난감하게 만드는 것을 피해 주었으면 한다. 예컨대 강연 중 뒤에 있는 교사를 갑자기 불러내어 미션을 내준다든지, 또는 지나치게 어려운 문제를 내어 즉석에서 대처하기 어렵게 만드는 경우다. 그런 상황이 다소 재미있게 보일지 몰라도, 아이들을 가르치는 교사의 입장을 헤아려 주어야 한다. 자칫 아이들 앞에서 우스운 꼴이 된다면, 설령 그것이 즐겁게 보일지라도 교사는 매우 곤혹스러울 수 있다(강연자의 요청을 받아들여 흔쾌히 나가는 교사도 있겠지만, 그렇지 않은 교사도 있다고 봐야 한다).

섭외를 받을 때 강사료는 절대 따지지 않는다. 학교는 강사료 지급기준에 따라 개런티를 지급하는 거다. 강사료 지급기준에는 강사 등급이 나뉘어 있다. 특별강사, 일반강사 등으로 말이다. 그런데 행정실의 판단에 따라 강사 기준이 달라질 수 있다. 의외로 강사료가 터무니없이 적을 수도 있다. 아주 드물게 나도 그런 일을 겪기도 한다. 하지만 강사료에 대해서는 기본적으로 따지지 않는 걸 원칙으로 삼고 있다. 기준에 따라 지급하기 때문에 약간의 차이는 있을 수 있다. 그걸 가지고 담당교사나 사서에게 예민하게 반응한다면 상대방은 상당히 부담스러울 수밖에 없다. 돈에 관해서는 시장의 원리를 따르는 게 바람직하다고 본다(강사료는 시간이 지나면 저절로 정해지기 마련이다).

강연자가 예사말보다 높임말을 해 주었으면 하는 교사들도 있고, 강연자가 현관에 비치된 실내화 대신 그냥 구두를 신고 강연장에 들어가는 것을 못마땅해하는 교사도 있다. 심지어 과자나 캐러멜처럼 먹는 선물은 주지 않았으면 하는 경우도 있다(초기에는 나도 초콜릿 같은 선물도 주었으나, 몇 년 전부터 중단했다).

강연은 끊임없는 자기와의 싸움이고 디테일과의 싸움이다. 강연 섭외가 갑자기 폭발한다고 해서 그것이 언제까지나 지속된다는 보장이 없다. 아주 잘 나가던 강연자도 언제부터인가 연기처럼 사라지기도 한다. 보이지 않지만, 경쟁 원리가 작동하고 있다는 증거인 셈이다.

언젠가 대기업 임원의 방에 걸린 액자에 눈길이 갔다. 액자에는 이런 문구가 써 있었다.

"언젠가 할 일이면 오늘 하고, 누군가 할 일이면 내가 한다."

분야는 다르지만, 새겨볼 만한 말이다. 강연 시장에서는 그 누구보다 선제적으로, 적극적으로 움직여야 한다. 또 아주 작고 사소한 것들을 소홀히 하면 안 된다. 커다란 둑은 개미굴 때문에 무너지는 것이다. 한마디로 디테일 싸움이라는 말이다. 끝까지 가는 사람이 잘하는 사람이다. 한동안 반짝 눈에 띈다고 해서 그가 뛰어난 강연자가 아닌 것이다.

부록
초보 강연자를 위한 체크 리스트

1. 먼저 목표를 세워라!
강연자가 되기로 목표를 세웠다면 스스로 앞길을 개척하는 심정으로 무엇이든 실천하라.

2. 실패를 통해 약점을 발견하라!
약점은 극복의 대상이다. 좌절하지 말라. 자신의 약점을 지적하는 이들을 스승으로 삼아라.

3. 처음부터 강연료에 목숨 걸지 마라!
학교 강연자의 강연료는 지급기준이 정해져 있다. 강연료에 연연하지 말라. 경험을 먼저 쌓아라.

4. 나의 특기를 강연에 접목하라!
악기 연주, 노래, 마술과 마임처럼 강연을 풍요롭게 할 특기를 연마하고, 강연에 접목하라.

5. 청중의 눈높이를 맞춰라!
강연에 재미를 불어넣으려면 청중의 웃음 코드 탄착군을 정조준하라.

6. 포인트 보상을 이용하여 보이지 않는 경쟁심을 유발하라!
포인트는 강연 몰입도를 높이는 한편 적극적인 피드백을 유도할 수 있다.

7. 강연은 재미있되 메시지는 분명히 전하라!
재미만 강조하면 레크리에이션이 될 수 있다. 반드시 메시지가 있어야 한다.

8. 늘 있을 돌발상황에 대비하라!
강연은 여러 가지 돌발상황이 상존한다. 순발력과 재치로 위기를 기회로 삼아라.

9. 강연 중 질문을 적극 활용하라!
어떤 질문이라도 가리지 말고 받고, 적절히 답하라. 존중감을 줄 수 있고, 몰입도를 높인다.

10. 최상의 컨디션과 순발력을 키워라!
강연장에서는 몸의 컨디션을 최상으로 유지하고, 자문자답을 통해 순발력을 훈련하라.

11. 평소의 훈련으로 말의 속도감을 높여라!
제한된 시간 안에 진행하는 강연에 집중도를 높이려면, 말하는 속도를 높여야 한다.

12. 도움이 필요한 아이에게 주목하라!
학교에는 다양한 수준의 도움이 필요한 아이가 있다. 이들에게 박수받을 기회를 줘라.

13. 선물을 효과적으로 활용하라!
적절한 비용 수준의 선물을 적절한 순간에 제공하여, 강연의 불쏘시개로 활용하라.

14. 체험활동을 통해 강연의 역동성을 더하라!
강연 분위기 환기, 체험 심사에 대한 민주적 참여 등으로 청중을 강연에 적극 참여시켜라.

15. 사인회에 인색하지 마라!
사인은 작가와 눈을 맞춘 추억이 된다. 작가의 책이 아니어도, 이색 사인회로 유종의 미를 거둬라.

16. 강연 중에 아이들 마음의 빗장을 열어 주어라!
창의적인 답변, 상상력이 가미된 그림, 적극적인 질문으로 아이들의 상상을 자유롭게 하라.

17. 강연 전 사전 점검을 충분히 하라!
학교 강연 체크 리스트를 참조하여 강연 대상에 대해 정확한 정보를 파악하라.

18. 재미와 감동을 위해 매일 새롭게 연구하라!
강연은 끊임없는 자기와의 싸움이고 디테일과의 싸움임을 명심하라.

강연자를 위한 강연

1판 1쇄 발행 2023년 4월 15일

지은이	권오준
펴낸이	한기호
책임편집	에디터스랩
편집	여문주, 서정원, 박혜리, 이선진
본부장	연용호
마케팅	하미영
경영지원	김윤아
디자인	김경년
인쇄	예림인쇄
펴낸곳	(주)학교도서관저널
	출판등록 제2009-000231호(2009년 10월 15일)
	주소 04029 서울시 마포구 동교로 12안길 14(서교동) 삼성빌딩 A동 3층
	전화 02-322-9677
	팩스 02-6918-0818
	전자우편 slj9677@gmail.com
	홈페이지 slj.co.kr

ISBN 978-89-6915-141-4 03370

ⓒ 권오준 2023

· 이 책은 저작권법에 따라 보호를 받는 저작물이므로 무단 전재와 무단 복제를 금합니다.
· 책값은 뒤표지에 있습니다.